무궁화호를 위하여

무궁화호를 ——— 위하여

변경의 현실과 정치

하승우 지음

한티재

책을 내며

지금 살고 있는 옥천으로 이주하자고 마음먹을 수 있었던 것은 무궁화호 덕분이었다. 수도권을 떠나 살기로 작정했지만 생활 기반이 대부분 서울에 있었기 때문에, 한동안 서울-옥천을 오가며 일을 해야 할 거라 생각했다. 그러려면 적당한 이동 수단이 필요한데, 당시 옥천역엔 밤늦게까지 무궁화호가 정차했다. 아침에 기차를 타고 서울로 갔다가 막차를 타고 내려올 수 있다면, 서울에서 강의를 하거나 회의와 토론회에 참여하는 것이 충분히 가능할 거라 생각했다. 실제로 이주한 뒤 몇 년 동안 무궁화호는 훌륭한 반려 교통이 되어 주었다.

한번은 서울에서 술을 한잔하고 기차를 탔는데, 깜박 잠이 들었다. 눈을 뜨니 동대구역에 들어서고 있었다. 내가 탄 열차가 막차라, 역 대합실 의자에서 선잠을 자고 이른 아침 첫 상행선 무궁화호를 타고 집에 돌아올 수 있었다. 코로나19가 유행하기 전에는 기차 안에서 김밥도 먹고 맥주도 한잔씩 했다. 서울 오가는 길에 노트북이나 핸드폰으로 원고도 쓰고, 음악도 듣고 했으니, 무궁화호는 내게 휴식 공간이자 식당, 집필실이었다. 이렇게 오가는 시간까지도 알뜰하게 쓸 수 있으니 열차는 얼마나 훌륭한 교통수단인가.

수도권을 떠나기로 마음먹은 건, 귀농이나 귀촌을 하겠다는 취지는 아니었다. '앎과 삶의 간극'을 좀 좁혀 보자는 것이 가장 큰 이유였다. 나는 그동안 풀뿌리 민주주의와 지역 자치, 공동체에 관해 연구하고 그에 관한 활동을 주로 해 왔다. 그런데 수도권에서의 삶은 비주류이긴 해도 '중심'에 가까웠다. 그 덕에 연구자와 활동가로서 일찍 이름을 알리고 활동도 안정되었지만, 뭔가 허전한 느낌이 들었다. '중앙화'와 '집중'을 막자는 내 외침은 얼마나 호소력이 있을까 하는 자괴감이 컸다.

전국을 돌며 풀뿌리 민주주의나 지방자치에 관해 강연할 때마다, 강연 전에 항상 그 지역을 미리 공부했다. 어디서나 할 수 있는 이야기보다 그 지역에 관한 구체적인 이야기를 하고 싶었기 때문이다. 그렇지만 이 역시 임시방편이라는 생각을 지우기 어려웠다. 지역을 돌아다니며 이야기를 전하는 것만으로 세상이 바뀔까. 분권과 자치의 중요성을 외치는 사람이 굳이 수도권에 살아야 할까. 세상을 비판하기 전에 나부터라도 수도권을 벗어나 삶의 터전을 옮겨 보자는 생각에 가족을 설득해서 이곳 옥천으로 이주한 것이다.

옥천으로 옮긴 뒤, 두 가지 직접적인 이득이 생겼다. 아파트 층간 소음 때문에 뛰지 말라는 잔소리를 들으며 살았던 아들에게는 마음껏 뛰어다닐 집과 마당이 생겼다. 높은 건물 대신 산으로 둘러싸인 공간과 한두 집 건너면 두루 알 수 있는 이웃들이 생겼고, 치열하게 경쟁하지 않아도 그럭저럭 살 수 있는 느슨한 분위기에서 생활하게 되었다. 집에 있는 날엔 가족과 어울리는 시간이 늘었고, 날마다 사랑한다는 말을 주고받을 수 있는 사이가 되었다.

또 다른 이득은 내 삶의 '속도'를 서서히 회복했다는 점이다. 수도권에서 살 때에는 하루에도 몇 번씩 강연을 하거나 여러 회의에 참석하느라 나를 돌볼 시간이 없었다. 이사한 뒤로는, 옥천과 서울을 오가느라 여전히 바쁘고 피곤하긴 했지만, 그래도 집에 있는 동안 집안 살림을 돌보고 요리도 하고 산책도 하게 되었다. 아들 손을 잡고 학교에 데려다 줄 여유도 생겼고, 북적거리지 않는 읍내 거리를 한가로이 배회하기도 했다. 물리적인 시간은 동일하겠지만 심리적인 시간은 훨씬 여유로

웠고 느리게 흘렀다. 그러면서 조금씩, 빠르고 북적이는 대도시 공간과 속도에 피곤함을 느끼기 시작했고, 일에 대한 집착과 강박도 서서히 줄어들게 되었다.

그렇다고 옥천에서의 삶이, 흔히들 생각하는 '자연을 벗 삼은 소박한 삶'은 아니다. 삼사십 분만 걸어도 도시와 전혀 다른 자연을 만나기는 하지만, 읍내에 살면 소도시의 삶과 크게 다르지 않다. 물론 돈을 주고 구입할 수 있는 상품이 제한되니 대도시에 살 때보다는 욕망의 크기가 줄어드는 건 사실이지만, 그러나 이곳은 '옥뮤다' 지역이다! (옥천 인근에 큰 물류 센터들이 워낙 여러 개 있다 보니, 주문한 택배가 어디쯤 오나 확인하면 항상 안내에 '옥천'이라는 지역명이 뜨는데, 마치 '버뮤다 삼각지대' 같다고 해서 생긴 말이다.) 그래서 당연히 택배가 무척 빠르다. 이런저런 조건들을 따져 보면, 사실 수도권에 살 때와 큰 차이 없이 산다.

다만 수도권을 벗어난 만큼 예전의 관계망과는 좀 멀어졌다. 사람들 만나러 서울로 오가는 일이 힘들어지면서 SNS로 안부만 묻고 사는 사람이 늘어났다. 그러면서 이런저런 자리에 초대받는 횟수나, 원고나 강의를 요청받는 횟수도 줄었다. 일거리가 줄어드는 건 그러려니 할 텐데, 새로운 사람을 만날 기회가 줄어드는 건 좀 아쉬웠다. (가령 전직 대통령 윤석열이 비상계엄을 선포했던 그날 밤에도 울리지 않고 잠잠한 카톡과 텔

레그램을 보며 '거리감'을 실감했다. 아, 이런 비상사태에서도 나는 비상 연락망 바깥에 있구나.)

이런 현실이 소외감을 느끼게 하는 것이 사실이지만, 그래도 집안일을 부지런히 하고 또 공부하는 데 시간을 더 쓰자고 마음먹곤 했다. 때마침 각시가 바깥에 나가 일을 하고 싶어 하기에, 내가 집안일을 전담하기로 했다. 각시는 일을 하러 타지로 떠났고, 그래서 우리는 주말 부부 생활을 시작했다. 어린이집에 다니던 아들은 초등학교, 중학교를 지나 이제 고등학교에 입학했다. 아들이 학교에서 집으로 돌아오는 시간에는 가급적 집에 있으려고 노력하다 보니, 내가 바깥으로 나가는 시간은 예전보다 더 줄어들었다. 그래서인지 아들과 나는 지금도 꽤 사이좋게 지낸다. 무엇보다 아들을 돌보면서 많은 것을 배우고 행복감을 느낀다. 아마도 내 인생에서 지금이 가장 안정적인 시기가 아닐까. 한편 잃는 것이 있으면 그만큼 얻는 것도 생기니, 과연 인생은 새옹지마다.

그래도 사람인지라 가끔 단절감을 느낄 때가 있다. 농담 삼아 이제는 경력 단절 여성의 삶을 조금 이해할 수 있겠다고 말하기도 한다. 물론 사회에서 흔히 말하는 경력은 줄었지만, 집안일에 필요한 경력은 늘어났다. 그러면서 사회를 바라보는 시선이 예전과 조금씩 달라짐을 느낀다. '중심'에서 벗어나고 싶었던 생각이 이제는 삶으로 조금 체화된 느낌이다.

수도권에서 벗어난 삶이 조금 단단해지고, 하고 싶은 이야기가 고이기 시작했을 때, 마침 경향신문에 매월 칼럼을 쓰게 되었다. 처음에는 주저하기도 했다. 농촌에 살지만 직접 농사를 짓지 않고, 사회 문제를 걱정하지만 주로 집안일을 하면서 사는 처지에, 내가 사회적으로 의미 있는 이야기, 설득력 있는 주장을 할 수 있을까 하는 걱정이 없지 않았다. 그래도 '변방'의 삶을 지향하면서, 주로 집에서 가족을 돌보며, 혼자 묵묵히 공부하는 사람의 목소리가, 주류의 담론들과는 조금 다른 방향에서 독자들에게 의미 있는 목소리로 말을 걸 수도 있지 않을까 하는 마음으로 몇 년째 꾸준히 써 왔다.

그 칼럼들과 다른 매체에 썼던 글들을 주제에 따라 묶고 다듬어 이 책을 엮었다. 새로 쓴 글도 몇 편 추가했다. '변경의 정서', '기후위기와 재난', '정치의 자리', '정책 실패의 진짜 주범, 관료주의'라는 네 가지 범주는 앞으로도 변경의 위치에서 계속 생각해야 할 중요한 주제라고 생각한다. 독자들도 같이 고민해 주면 좋겠다.

꽤 여러 권의 책을 썼지만, 칼럼집으로는 처음 내는 책이다. 한적한 플랫폼에서, 그리운 벗이 탄 무궁화호가 도착하기를 기다리는 마음으로 독자들의 화답을 기다린다.

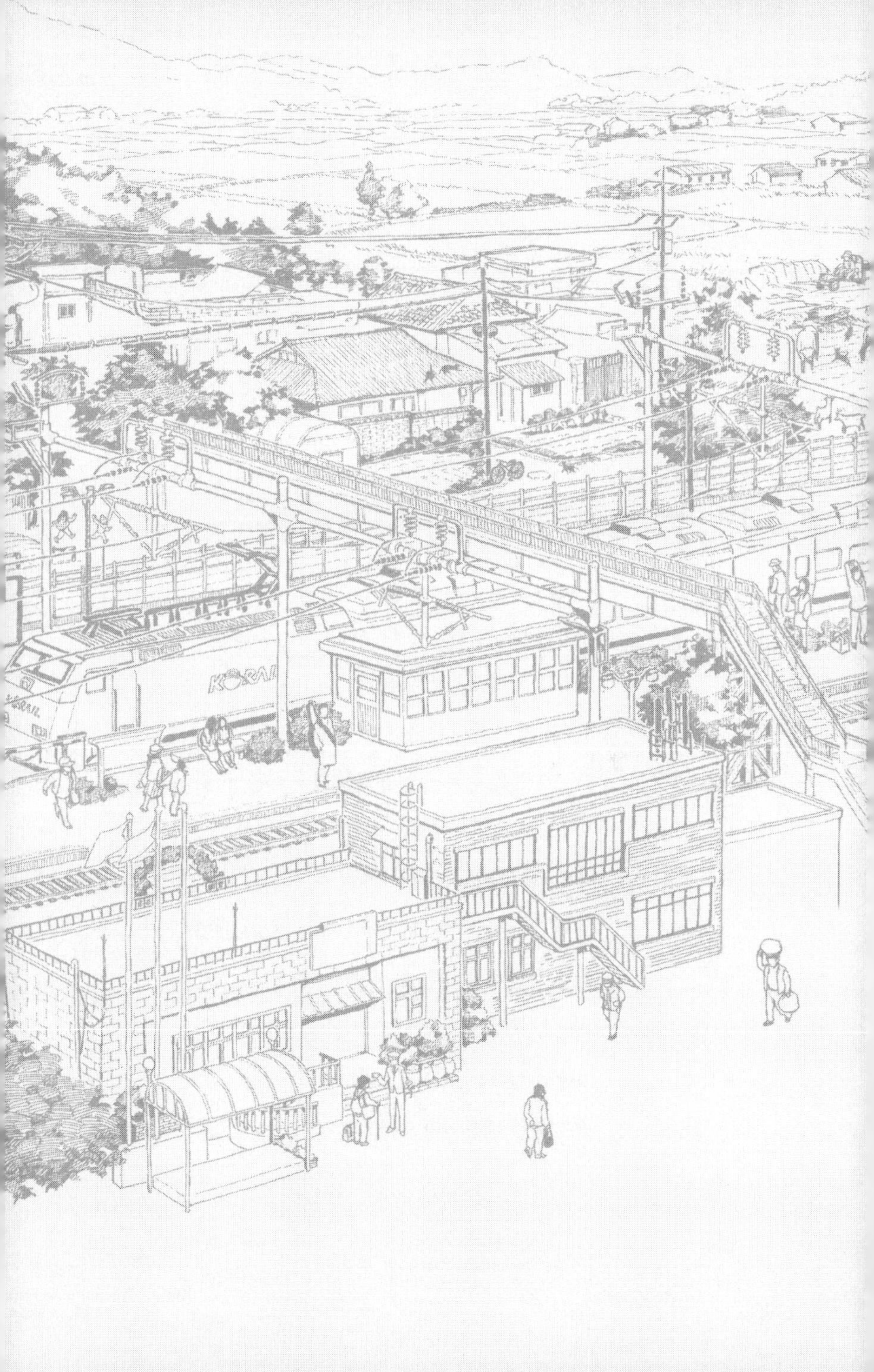
KORAIL

차례

책을 내며 • 5

들어가는 글 | 근대의 황혼과 변경의 사유 • 17

1부 —— 변경의 정서

변경의 힘, 괴물은 되지 못하는 곳 • 29

변경의 소리를 들어라 • 35

무궁화호 대학살과 윤석열차 • 39

거꾸로 가는 한국의 공공교통 정책 • 44

무궁화호를 타던 3천만 명은 대체 어디로 갔을까 • 48

다른 대안이 없다는 말 • 53

밑 빠진 독에 물 붓기, 이득은 누가 챙기나 • 57

'식품 사막'은 올바른 표현일까 • 61

농민을 계속 '열외 국민'으로 둘 건가 • 66

지방의 실패는 누가 책임지나 • 70

좋은 삶과 메가시티 • 74

통합 말고 연합하면 어떨까 • 78

현수막 정치가 돌리는 악마의 맷돌 • 82

2부 —— 기후위기와 재난

불안의 개인화와 느린 재난 • 89

기후정의와 지역 간 불평등 • 93

꿀벌은 정말 실종된 걸까 • 97

정말 쌀이 문제인가 • 101

유가족 요구에 귀 기울여야 하는 이유 • 105

지하로 가는 정치 • 109

부실 정부 대한민국 • 112

이 폐허를 응시하자 • 116

에너지 민주주의의 방정식을 새로 짜자 • 120

사람에게는 얼마만큼의 에너지가 필요한가 • 124

재난은 전환의 기회가 될 수 있을까 • 128

3부 —— 정치의 자리

인기 없는 민주주의 • 143

민주주의의 자리 • 149

장을 안 보는 사람들의 정치 • 153

정치의 언어가 사라진 극단의 시대 • 157

왜 국가는 외할아버지를 살해했나 • 161

무능을 적대로 감춰 온 정치 • 165

역대급의 정치 • 169

고통의 개인화와 공통감각의 상실 • 173

상상된 성 평등 • 178

정치 개혁에 필요한 것은 선거제도만이 아니다 • 182

권력과 불화하지 않는 풀뿌리? • 186

소설 『1984』를 닮아 가는 한국 현실 • 190

비상계엄 —'법괴'와 저항권 • 194

계엄으로 드러난 한국의 봉건성 • 198

선거 이후의 민주주의 • 202

나의 '동료' 시민을 어떻게 찾을까? • 206

4부 ——— 정책 실패의 진짜 주범, 관료주의

민주화와 관료들의 전성시대 • 219

누구를 위한 관료제인가 • 223

공무원은 그곳에 살지 않는다 • 227

전임자 흔적 지우기와 생각하지 않는 관료제 • 231

미래와 동떨어진 미래 교육 • 235

무상 급식이면 다 된 건가 • 239

금융사기 피해를 개인이 책임져야 하나 • 243

왜 행정 개혁은 얘기되지 않나 • 248

무엇이 악성 민원을 만드나 • 252

사회 통념과 알 권리 • 256

나오는 글 | 변경에서 본 2026, 2030, 2050 • 260

함께 읽으면 좋을 책들 • 268

확인하면 좋을 통계들 • 269

일러두기

- 『경향신문』 칼럼은 글 끝에 신문 게재 날짜만 적어 두었다. 칼럼을 쓰고 발표했던 당시의 상황과 문제의식 등을 살리기 위해, 시간이 지나면서 바뀐 내용이 있더라도 수정하지 않았다.
- 다른 매체에 발표했던 글은 매체명과 발표일 등을 적어 두었다.
- 날짜 등의 별도 표시가 없는 글은 이 책을 준비하며 추가로 쓴 것이다.

들어가는 글

근대의 황혼과 변경의 사유

무궁화호의 평균 속도는 시속 90km이고 최고 속도는 시속 150km까지 올라간다. 무궁화호가 느리다는 우리의 편견과 달리, 그 속도는 자동차만큼 빠르다. 1977년에 우등 열차로 불리면서 운행을 시작한 무궁화호는 지금 전국의 모든 노선을 운행하는 가장 보편적인 열차이다. 마치 우리 몸의 동맥처럼 무궁화호 노선은 이동이 필요한 사람과 화물을 전국 곳곳으로 실어 나르고 있다.

이 무궁화호 노선이 2028년이 되면 완전히 사라진다. 노선을 유지하려면 낡은 객차를 대신할 새로운 객차를 주문해야 하는데, 코레일이 주문을 하지 않고 있기 때문이다. 무궁화호 노선이 적자 노선이라는 단순한 이유에서이다.

그런데 코레일은 이윤만을 추구하는 사기업이 아니라 공기업이다. (2013년 박근혜 정부가 코레일을 쪼개서 수서고속철도를 만들었던 것을, 2025년 현재 이재명 정부가 통합 추진 중이다.) 철도 노선을 민간 기업에 완전히 맡기지 않는 것은, 소득이나 지역에 상관없이 누구나 철도를 자유롭게 이동할 수 있어야 한다는 '공공성' 때문이었다. 그러니 무궁화호 노선의 소멸은 단순히 철도 노선 하나가 사라지는 게 아니라 우리 사회 공공성의 후퇴를 뜻한다.

철도의 쇠퇴, 근대의 황혼

지금은 한물 간 교통수단 취급을 받지만, 한때는 열차가 근대 문명의 상징이었다. 볼프강 쉬벨부쉬는 『철도 여행의 역사』에서 철도의 등장이 당시의 사회 문화를 뒤바꾼 혁명적인 사건이었다고 얘기한다. 말이나 마차와 달리 철도는 주변 공간과 전혀 교감하지 않는 직선의 최단 거리로 목적지를 향하며, 여행과 이동의 의미를 바꿨다. 그리고 철도의 규칙적인 운행은, 지역마다 달랐던 시간을 통일시키고 표준화했다. (이 책에 따르면, 런던 사람들의 시간은 리딩보다 4분, 사이런세스터보다 7분, 브리지워터보다 14분이나 빨랐다.)

이렇게 효율적인 목표 달성, 표준화된 통일을 추구하던 철도가 약속한 것은 공공재의 보편화였다. 열차는 도시에서 멀리 떨어진 오지에도 문명을 전하고 산업을 발전시켜 성장의 혜택을 골고루 나눠 주겠다는 평등의 가치를 생활 속에서 실감하는 장치였다. 실제로 철도 노선이 생기고 기차역이 세워진 지역은 근대적인 공간으로 변신했다. 그런 점에서 철도의 쇠퇴는 근대가 약속했던 대중화된 자유와 평등의 쇠퇴이기도 하다.

물론 무궁화호 노선의 폐지가 철도 자체의 폐지는 아니다. 새마을호가 어느 정도 무궁화호의 공백을 채워 줄 것이고, 고속철도(KTX)는 계속 대도시들을 빠르게 이어 줄 것이다. 그렇지만 다른 기차들의 속도는 평등을 전제하지 않는 속도이고, 지불할 능력을 가진 자에게만 허용되는 자유로운 이동이다. 가령 우리 지역에서 서울에 가는 비용으로 따지면, 새마을호는 무궁화호보다 33% 비싸고 KTX는 2배 이상 비싸다. 속도가 빨라지는 만큼 이동 비용도 늘어난다.

이것은 결코 자연스러운 변화가 아니라, 근대 문명의 쇠퇴이자 근대 혁명이 지향했던 자유와 평등, 박애의 후퇴를 뜻한다. 근대의 쇠퇴가 새로운 미래나 가치의 등장을 뜻하면 좋겠지만, 지금의 쇠퇴는 대책 없는 몰락이나 과거로의 복고일 수 있다. 기차 노선이 없어지면 자가용 승용차로 다니면 되지 않냐는 반론이, 사회적인 대책을 개인의 능력으로 떠넘기는 것에 불과하듯이 말이다. 기술을 혁신하고 생산력을 높이는 것보다 시장 점유율을 늘려서 독과점의 이득을 보려는 플랫폼 기업들의 득세와 그 플랫폼에 종속되어 제대로 된 임금과 자유, 최소한의 노동조건까지 보장받지 못하는 노동자들의 처지를 보며 새로운 봉건주의의 등장을 얘기하는 학자들이 늘어나는 것은 이런 시대의 흐름을 반영한다. 무궁화호의 소멸과 열차의 쇠퇴는 자유와 평등의 근대가 저물고 있음을 뜻한다.

근대의 황혼에서 우리는 기후위기라는 깊은 밤의 어둠 속으로 들어가고 있다. 그 밤을 지나 새로운 새벽으로 우리를 인도할 수단이 철도라고 많은 사람들이 이야기한다. 그러나 그에 맞는 구체적인 대안은 제시되지 않고 있다. 왜일까?

집중에의 강요

한때 사람들 사이에서 너무나도 당연하게 받아들여진 말이 '선택과 집중'이다. 이 말은 '적자생존'이라는 말처럼 자주 잘못 이해되곤 했다. '적자생존'은 환경에 가장 잘 적응한 자(適者, the fittest)가 살아남는다는 말이다. 그런데 우리는 이 '적자'를 생존경쟁에서 살아남은 강한 소수라고 생각하도록 교육받아 왔다. 적대적인 환경에 잘 적응하는 방법은 경쟁이 아닌 협력일 수 있다. 그리고 상대를 누르는 힘보다 상대를 사로잡는 매력이 생존에 더 유리할 수도 있다. 즉, 강한 자만이 적자가 되는 건 아닌데도 우리는 항상 강자가 곧 적자라고 여겨 왔다.

이와 비슷하게, '선택과 집중'은 '효과적으로 선택하고 그 선택에 집중하라'는 말 같지만, 우리는 현실에서 끊임없이 '집중을 선택'하도록 강요받아 왔다. '집중'해야 강자나 능력 있는 사람이 되고 그래야 살아남는다는 것이다. 다소 부작용이 있고 약자가 희생되어도 그건 어쩔 수 없는 부수적인 일처럼 여겨졌다. 실제로는 '선택과 집중'이 아니라 '집중을 위한 선택'이었고, 선택해서 살아남는 게 아니라 살아남기 위해 뭐든 집중해야만 했다.

그런 점에서 선택은 자연스럽지 않고 대부분 사회적으로 학습된 결과이다. 무궁화호의 소멸에 대한 대안이 대도시 중심의 광역철도 논의로 이어지거나, 지역의 약화에 대한 대안이 강력한 메가시티 논의로 이어지는 것 역시 이런 경향을 반영한다. 약자니까, 지역이 소멸할 거니까, 살아남으려면 '집중을 선택'하라는 식이다. 이것은 선택으로 포장된 강요이고, 대안을 가장한 폭력이다.

다소 강한 주장처럼 들리겠지만 이 얘기는 새로운 주장이 아니다. 이미 많은 지식인들이 집중 및 속도와 자본주의, 파시즘의 연관성을 지적한 바 있다. 집중과 속도가 자본주의의 독점을 정당화하고 강력한 힘의 추구와 폭력을 자극하고 정당화했다는 비판이다. 이런 비판이 오랫동안 있어 왔지만 현실이 달라지지 않는 까닭은 무엇일까? 그것은 자본주의의 힘이 강해서이기도 하겠지만, 그것을 비판했던 지식인들 역시 그 속도와 집중의 자장(磁場) 속에 있었기 때문이라고 생각한다. 그들 역시 강한 것에 맞서려면 똑같이 강해져야 하고, 그 강함을 위해서라면 다르거나 부족한 것들을 배제하거나 미룰 수 있다고 생각했던 것 아닐까. 마치 정반대의 다른 선택 같지만 그 역시 또 하나의 '집중을 위한 선택'이었다.

진정한 변화를 위해, 집중이 아닌 '분산'을 선택할 수는 없을까. 이것도 저것도 싫다면 선택 자체를 당분간 연기하거나 거부할 수는 없을까. 아무것도 선택하지 않는 것은 그 무엇도 선택할 수 없는 무기력과 분명 다르다. 그런데도 무언가를 당장 선택하지 않는 것이 무책임하거나 무능력한 것처럼 늘 비판받아 왔다. (매번 찍고 싶은 정당이나 후보가 없는데도 습관처럼 치러야 하는 선거가 대표적인 예이다!) 그리고 '중심'에서 물러나겠다는 판단도 '낭만적인 도피'로나 여겨지지, 비판적인 선택이나 창의적인 대안으로 받아들여지지 않았다.

그래서일까. 현실은 마치 쳇바퀴를 도는 듯 느껴진다. 이런 데자뷔 같은 현실 앞에서, '집중' 대신 '분산'을 선택하고, '몰락'하면서 '상승'하겠다는 의지는 비현실적일까?

변경의 사유란 무엇인가

중심에 있으면 주변을 쉽게 파악할 수 있다. 감시탑을 세우고 조망하면 전경이 눈에 잘 들어온다. 한국의 관료주의와 그것에 기생하는 토호 세력은 그 감시탑처럼 중앙이 지방을 구석구석 파악하고 지배하도록 돕는 도구였다. 지방자치제도가 실시된 이후에도 중앙정부의 힘은 여전히 강하고 중앙이 틀어쥔 예산은 지방을 효과적으로 길들여 왔다. 지방정부는 또 예속성을 핑계로 시민들의 요구를 거절하고 복종의 떡고물을 챙겨 왔다. '민주화 시대'를 거쳤다고 하지만 중앙-지방-시민의 위계는 무너지지 않았다.

힘이 없을수록 중앙의 지원을 요청할 수 있으니 지방은 노골적으로 자신의 무력함을 강조한다. 하지만 정말 중앙이 지방보다 강할까? 전기를 생산하고 먹거리를 장만하고 끊임없이 수도권으로 인력을 보내는 곳은 바로 지방이 아닌가? 지방에서 생산되는 전력이 끊기고, 마트의 진열장이 비고, 인구를 이동시킬 교통이 멈춰도 중앙의 힘이 강할 수 있을까? 그리고 불평등과 기후위기의 상황에서 적자생존이 더 쉬운 곳은 어디일까? 아무런 관계와 자원도 없이 서로 치열하게 경쟁해야 하는 곳, 모든 게 사유화되어 있는 중앙보다는, 그래도 뭔가 스스로 준비할 여지가 남아 있는 지방이 생존에 더 유리하지 않을까? 지방이 스스로 생각하기 시작하면, 시민의 손을 잡고 대안을 찾으면, 저 강고한 위계를 바꿀 수 있을지도 모른다. 그런데도 스스로 마름의 위치에 만족하는 지방정부는 그럴 생각이 없다.

그러면서 지방 내부의 문제는 점점 더 심각해지고 있다. 힘과 권력을 따르는 구조적인 폭력이 약자를 공격하고, 의료나 교육, 문화, 교통 같은 기본 서비스 체계도 붕괴하고 있다. 고령화율이 높아지면서 지방의 기본 체력이 떨어지는 상황이라 더욱더 그렇다. 이런 상황이니, 지방에 대한 '낭만적인 감성'이 소비되고 유행하더라도 지방의 가치가 높아지지는 않는다. 기본 서비스 체계가 시장에만 의존해야 한다면, 지방의 상황은 지금보다 더 나빠질 수밖에 없다.

"떠날래, 남을래?"를 강요하는 상황에서 저마다 다른 의미로 로컬, 지역을 얘기하는 시대이다. 아무튼 중앙으로 떠나는 것도 선택이지만, 중앙에서 멀어진 가장자리인 변경(邊境)에 머무는 것도 하나의 선택이다. 중앙의 시야에 잘 잡히지 않는 가장자리인 변경에서는 이질적인 것들이 결합해서 곧잘 변종들을 만들곤 한다. 중앙의 표준과 기준을 따르지 않거나 무시하는 변종들의 등장, 새로운 적자생존을 모색하는 이 변종들은 중심으로 들어가지 않거나 어느 것도 선택하지 않음을 통해 자신의 선택을 조직할지 모른다. 무궁화호가 사라진다고 새마을호나 고속철도를 꼭 선택할 필요는 없듯이 말이다. 그렇다고 국가와 자본주의가 권장하는 자가용을 몰자는 것도 아니다. 변경에서는 걷고, 뛰고, 같이 타고, 여러 가지를 결합하는 기묘한 선택이 만들어질 수도 있다.

근대의 몰락이 새로운 봉건주의로 흐르고 기후위기가 빨라진다면, 변경은 과거처럼 '자유도시'가 성장하는 거점이 될 수도 있다. 물론 변화된 환경에 적응할 협력과 역량이 필요하겠지만, 그것이 반드시 새롭기만 해야 할 이유도, 그렇다고 낡은 것을 고집할 이유도 없다. 도시로 도망친 농노가 일정 기간을 버티면 '자유민'이 되었던 것처럼, 변경은 도망자들이 새 삶을 시작할 거처가 될 수도 있다. 세파의 압력에 버틸 수만 있다면 말이다.

중앙이 아니라 변경의 시야로 전국을 관찰하면 무엇이 포착될까? 수도권을 떠나는 이주를 선택한 지 13년이 넘었지만 변경의 의미는 알듯 말듯, 희망적인 듯 절망적인 듯 여전히 갈피를 잡기 어렵다. 그렇지만 나는 지금의 위치를 계속 지키며 말을 걸 생각이다.

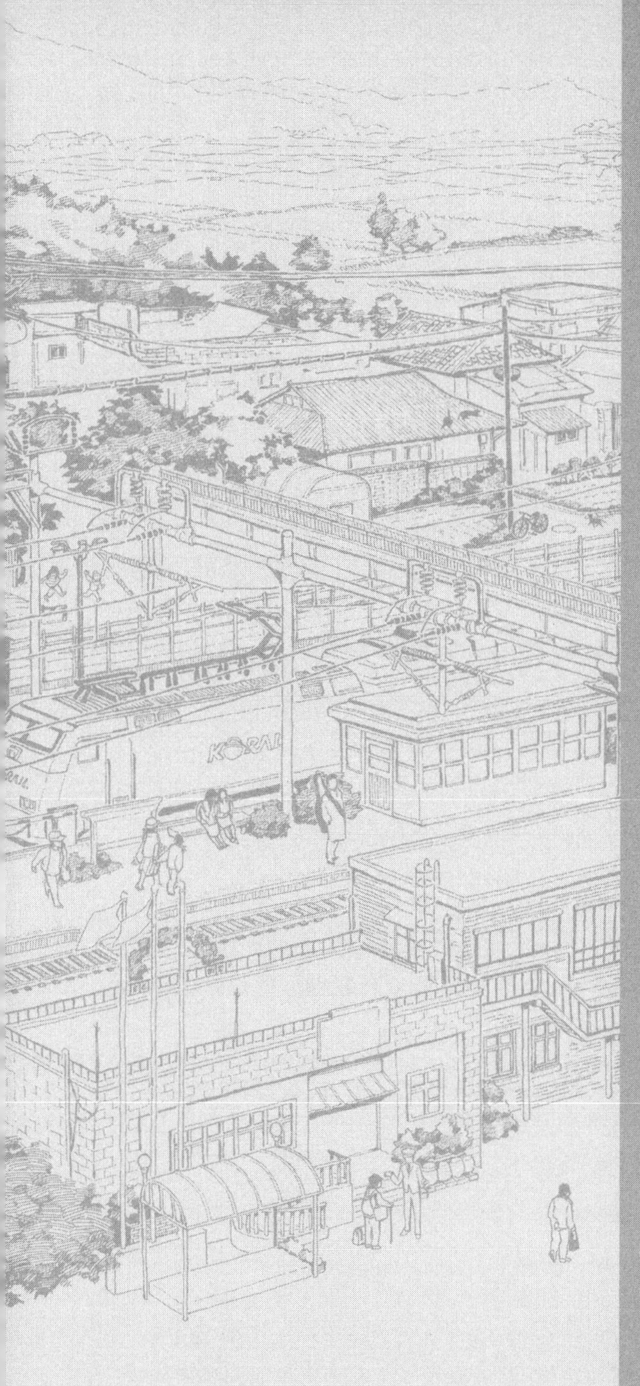

1부

변경의 정서

변경의 힘, 괴물은 되지 못하는 곳

2025년은 지금 사는 지역으로 이주한 지 12년차를 맞이하는 해이다. 몇 년 전부터 마음이 좀 심란했다. 예전의 호연지기는 많이 줄었고, 체력도 떨어졌다. 글 쓰고 강의하는 것으로 밥벌이를 하는 사람이라 지역에서 일자리를 찾아야 한다는 부담은 크지 않았지만, 철도와 버스 같은 대중교통편이 크게 줄어서 자동차 없이 외지로 다니기가 점점 더 불편해졌다. 지방 소멸을 크게 걱정하지는 않지만 그동안 정부가 제대로 된 농촌·농업 정책을 제시하는 걸 보지 못해 답답했다. 지금까지의 시간은 나쁘지 않았는데 앞으로의 10년을 장담할 수 있을까? 나와 가족은, 그리고 이 지역은 10년, 20년 뒤에 어떤 모습일까?

인구와 일자리 얘기는 이제 그만!

해마다 각 지역의 인구는 감소했지만, 전국 지방자치단체의 중장기 계획에서 인구가 줄어드는 경우는 하나도 없다. 지금 사는 곳의 인구도 매년 줄어 5만 명 아래로 떨어지는데, 중장기 계획의 적정 인구는 10만 명으로 잡혀 있다. 출생률은 낮고 고령화율은 높아 인구의 자연 감소를 막을 수 없는데, 어떻게 인구가 늘어난다는 걸까? 지금의 인구 감소는 예측하지 못했을까? 왜 행정은 '발전'과 '증가' 계획만 세우고 '축소'와 '적응' 계획은 세우지 않는 것일까?

일본의 사상가 우치다 다쓰루는 『인구 감소 사회는 위험하다는 착각』에서, 예상된 인구 감소를 인정하지 않고 낙관론만 펼치는 관료들을 무책임한 보신주의라고 비판한다. 관료들은 "통계 자료를 유리하게 해석하거나, 위험 가능성을 낮게 예측하거나, 거짓말을 하거나, 다른 사람에게 죄를 덮어씌우는 '지혜'"를 발휘하며 책임을 회피한다. '나 때만 아니면 돼'라는 관료들의 '지혜'는, 개인의 책임을 미루고 사회의 실패를 앞당긴다.

그러면서 우치다 다쓰루는 "인구가 줄어드는 것이 꼭 나쁜 일인가"라는 근원적인 질문을 던진다. 인구가 줄어들고 시장이 축소되고 경기가 나빠지면 인류 문명은 붕괴하는가? 우치다는 지금의 시스템을 유지하기 위한 극한의 경쟁보다는 인간이 사회적으로 더 성숙해질 수 있는 체계, "체계를 유지하기 위해서 참가자들에게 인간적인 성숙을 요구하는 체계"를 만들자고 제안한다. 인구가 줄어든다는 사실을 인정하고 그에 적응하며 적절한 규모의 사회를, 대신에 더 행복한 사회를 만들어 가자는 이야기이다.

사실 인구가 문제인 것처럼 얘기되지만 정말 문제는 정부와 기업이다. 중앙정부가 균형발전기금, 지방소멸대응기금을 편성하지만 그런 지원을 받는 사업들의 혜택이 주민들에게까지 닿는 경우는 드물다. 지방정부가 주민들한테 물어보면 될 일을 컨설팅 회사와 전문가들에게 맡기니, 비슷한 구상들이 여기저기 등장한다. 지역의 정체성을 살린다지만 실제로는 그 다양성을 훼손하는 사업들이 대부분이다.

특히 일자리만 있으면 지역이 살아날 것처럼 얘기하고, 힘이 약하니 메가시티로 뭉쳐야 한다고 얘기하지만 그건 너무 안이한 해법이다. '일자리가 없다'는 농촌 지역에, 일하러 온 이주노동자들이 수만 명에 이른다. 농어촌 일자리의 질이 낮다면 그 질을 높이면 되는데, 그 질을 높이는 데는 관심이 없다. 농어업에서 일하는 사람들이 노동의 대가를 제대로 받아야 하는데, 농수산물 가격이 오를라치면 정부가 나서서 외국산 농수산물을 수입한다. 그렇다고 도시의 질 좋은 일자리에는 누구나 접근할 수 있나? 농촌이나 도시나, 질 좋은 일자리가 없기는 마찬가지이다.

삶의 질을 결정하는 건 일자리나 임금만이 아니다. 인간관계, 생태적인 환경, 공공서비스에 대한 접근성, 문화의 다양성, 건강, 시간과 에너지의 자기 결정 등 다양한 기준이 존재할 수 있다. 이렇게 다양한 척도로 보면 지방의 가치도 달라질 수 있다. 공백 없이 빽빽한 물리적인 공간, 서로 부대낄 수밖에 없는 관계, 빠른 속도 등은 스트레스를 유발한다. 중심부에 가까운 건 분명 우월감을 주지만, 선택의 여지가 없는 삶은 피로를 증가시킨다. 그리고 피로한 사회에서는 타자에 대한 연민이나 공감이 생기기 어렵다.

반면에 지방은 변경에 있지만, 그래서 비교적 느린 사회이다. 자원의 부족을 미화할 생각은 없다. 다만 지방은 관심과 간섭의 거리가 멀지 않은 공간이고, 그래서 비교적 장단점이 분명하다. 단점을 고려하며 질문을 던져 보자. 심각한 불평등과 예고된 기후·식량·에너지 등의 위기에서 어떤 사회가 더 잘 버틸까?

하고 싶은 게 없음의 힘

처음 단독주택으로 이사 와서 맘껏 뛰고 소리칠 수 있어 좋다고 했던 어린이는 올해 고등학교에 입학한다. 앞으로 하고 싶은 일이 뭐냐고 물으면, 모른다거나 별로 없다고 대답한다.

학교를 다녀온 뒤에 디스코드로 친구들과 대화하며 컴퓨터 게임을 하는 게 가장 행복한 시간이다. 중학교의 성적이 취업과 삶의 성공으로 이어지는 초경쟁사회 한국에서 이 어린이의 답변은 뭔가 불안해 보인다.

그렇지만 이 어린이는, '생명을 갈아 넣은 SPC 빵'을 스스로 먹지 않고, '결정 장애'라는 말이 장애를 비하한다며 결코 쓰지 않는다. 무거운 짐을 진 어르신을 보면 도우려 하고 아픈 사람을 보면 돌보려 한다. 이 어린이의 '상식'은 관계로 이어진 이 지역에서 그리 특별하지 않다.

당연히 이곳에도 서울에 있는 대학으로 진학하려는 청소년도 있고 그렇지 않은 청소년도 있다. 그렇지만 그런 과정에서 삶이 엄청나게 달라질 거라 기대하는 청소년은 별로 없다. 큰 성공을 기대할 수 없기 때문에, '욕망하는 것'보다 '무엇이 더 올바른지 생각하는 힘'이, 또 그런 판단을 도울 '관계'가 변경에는 있다.

그리고 지방은 그나마 속도가 느린 곳이다. 정보가 느리다는 것은 아니다. 유튜브, SNS로 이어진 세상에서 정보는 이곳에서도 넘쳐난다. 다만 이곳은 본 대로 바로 실행할 수 있는 곳이 아니다. 누군가의 눈에는 그것이 '격차'로 느껴지겠지만 어떤 의미에서는 적절한 '완충재' 역할을 한다. 욕구와 욕망을 즉각 풀 수 있는 곳과 그것을 시간을 두고 준비해야 하는 곳의 차이라고나 할까.

자녀 교육에 좋은 곳을 쇼핑하듯 다니는 학부모들도 간혹 보는데, 이곳에는 어떤 특별한 장점이 있냐는 질문도 간혹 받는다. 그러면 나는 특별함이나 뭘 더 하려는 것보다 '하지 않을 여유'를 만들어 주는 게 더 좋지 않겠냐고 답한다. 힘이 없어서 하지 않는 게 아니라 굳이 그렇게까지 하지 않아도 살아갈 수 있다고 생각하는 여유, '좋은 삶'은 거기서 찾을 수 있지 않을까.

모든 걸 다 가질 수는 없어서 괴물이 되지는 못하는 곳, 그것이 지방의 힘이라면 과장일까. 영화 〈생활의 발견〉의 한 대사 "우리, 사람은 못 되더라도 괴물은 되지 맙시다"를 바꿔 말한다면 "지방, 인구는 못 채워도 괴물은 되지 못하는 곳이에요." 내가 지방을 떠나지 않는 건, 괴물이 되지 않기 위해서이다.

10년, 20년이 지나면 이 지역은 아마 더 쇠락할 것이고, 나 역시 마찬가지일 것이다. 그렇지만 그것이 나쁜 삶일까, 아니면 자연스러운 삶일까.

변경의 소리를 들어라

넷플릭스 영화 〈킹덤〉 시리즈에서 좀비가 처음 발생한 지역은 함경도의 국경이다. 중앙의 권력 다툼에서 잠시 밀려난 이들이 행세하는 완충지대이자 외부의 위협이 가장 먼저 감지되는 경계.

그런 변경의 사람들에게 중앙의 권력은 욕망의 대상이자 생명을 위협하는 공포이다. 그곳을 벗어나려면 권력이 필요한데, 살고자 충성을 바쳐도 중앙의 필요에 따라 변경의 사람들은 언제든 버려질 수 있기 때문이다. 영화에서 "저희도 언제쯤 관직을 받을 수 있겠"냐고 묻던 변경인은 버림받아, 살지도 죽지도 못하는 몸이 된다. 현실에서는 언제쯤이면 농정(農政)이 실현될지 기다리던 '열외 국민' 농민들이, 일자리를 구하기도 어렵고 같은 일을 해도 적은 임금을 받는 지방의 노동자들이, 바로 그렇게 살아 있다. 살아남느라 지친 사람들에게 전해지는 '중앙'의 '대장동'이나 신도시 이야기는 분노보다 열패감을 자극한다.

예전에는 더 이상 견딜 수 없을 지경이 되면 변경에서 반란이 일어나기도 했는데, 지친 열패감은 저항의 의지도 꺾는다. 무작정 중앙으로 떠나면 삶이 좀 나아질까 싶지만 그 길에는 이미 거대한 성벽이 세워져 있다. 모아 놓은 자산과 자신을 증명할 연고·능력주의, 이 둘이 없으면 성문을 통과할 수 없다. 그래서 지금 변경의 정서는 저항보다 "우리가 망하면 너희라고 무사할 것 같으냐"는 악다구니에 가깝다.

이쯤 되면 좀비들이 한양으로 가는 관문인 문경새재로 들이닥치는 영화의 한 장면을 떠올리는 독자들도 있을 수 있다. 그러나 현실에서는 변경의 사람들이 좀비로 변해 중앙으로 달려갈 가능성은 낮다. 그리고 지금 한국에서는 굶주림보다 돈맛이 더 강한 욕망이라, 사람 잡아먹는 좀비의 출현지는 실은 변경이 아니라 중앙이다.

최근 몇 년간 여러 지방을 돌다 보면, 인구는 줄어드는데 여기 부동산 가격은 왜 이렇게 올랐어요, 묻게 된다. 그러면 주로 듣는 대답은 얼마 전 서울에서 관광버스 몇 대가 와서 매물을 싹 걷어 갔어요, 하는 말이다. 지방의 중소형 아파트들조차 재테크의 수단으로 변했고, 그나마 주거 비용이 적어서 지방에 살았는데 이제는 그조차 어려워져 떠나는 이들이 늘어난다. '자연스러운' 인구 감소, '예정된' 지방 소멸은 없다.

신기한 일은 지방의 인구가 줄어드는데 폐기물 처리장의 규모는 커진다는 점이다. 왜일까? 2025년이면 수도권의 쓰레기 매립지가 꽉 차는 것과 연관은 없을까? 땅값이 비싸 매립지를 찾을 수 없게 된 수도권은 자신들의 쓰레기를 변경에 버리게 될 것이다. 그리고 상품이 된 쓰레기는 기업들에는 이득을, 변경의 사람들에게는 또 절망을 새길 것이다.

이처럼 영화 〈킹덤〉과는 반대로, 현실에서는 힘 있는 자들이 좀비처럼 가난한 이들의 삶을 위협한다. 이 혼란 속에 이족(異族)의 침입도 시작됐다. 정부가 방관하는 사이에 맥쿼리와 같은 초국적 투자회사나 글랜우드PE 같은 사모 투자 펀드들이 야금야금 공공시설들을 장악하고 있다. 예를 들어, 광주광역시와 전라남도 대부분에 도시가스를 공급하는 회사인 (주)해양에너지는 GS에너지, 글랜우드PE를 거쳐 2021년에 맥쿼리의 손으로 넘어갔다. 2021년 포트폴리오를 보면 맥쿼리는 도로 12개, 항만 1개, 철도 1개, 도시가스 2개 회사에 투자하고 있다. 2024년에는 도로 14개, 항만 1개, 철도 1개, 에너지 4개로 더 늘어났다. 한 회사가 이 정도이니 다른 투자사들까지 모으면 그 규모는 어느 정도일까? 앞으로 기후위기에 대응한다는 명목으로 신재생에너지 관련 시설들이 대규모로 들어설 예정인데, 그런 시설들의 공공성은 누가 보장할까? 이미 태양광과 풍력발전 관련된 설비들의 90% 이상이 민간자본의 손에 있다.

이런 곤란한 상황에서 해답을 찾아야 하는 정치인들은 '거울의 정치'만 하고 있다. 여당, 야당이라 하지만 좌우가 반전되었을 뿐 거울에 비친 같은 모습이다. 이들은 자신들의 기득권을 지키려 할 뿐 변경의 삶에 관심이 없다. 마치 적선하듯 매년 얼마씩 줄 테니 조용히 하라고 한다.

양당제의 거울 정치를 지금 당장 부술 힘은 변경에 없고, 기후위기, 생존위기의 최전선에 내몰린 변경의 사람들에게는 시간이 없다. 입에 발린 공약으로는, 차라리 다 같이 망하면 좋겠다는 상처받은 마음을 돌릴 수 없다. 그런데 변경이 무너지면 중앙도 무너진다. 외부와 경계를 만들고 자원을 공급하는 변경 없이 중앙이 유지될 수는 없기 때문이다. 지금이라도 정치인들은 세를 과시하며 순시하듯 지역을 돌아다닐 게 아니라, 절박하게 퍼지는 변방의 외침에 귀를 기울여야 한다. 그런 정치인을 기다린다.

(2021. 11. 2.)

무궁화호 대학살과 윤석열차

2014년 2월에 충북 옥천군으로 이사했을 때에는 서울역을 떠나는 막차 시각이 밤 10시 55분이었다. 그래서 서울에서 일을 보고 사람들과 술도 한잔하며 아쉬움을 남긴 채 집으로 돌아올 수 있었다. 일이나 인간관계가 대부분 수도권에 있어도 이주를 결심할 수 있었던 건, 역설적이지만 수도권으로 다닐 수 있는 교통수단이 있었기 때문이었다. 복잡한 서울을 벗어나 옥천역에 내려 인기척 없는 밤길을 걷는 것도 즐거움이었다.

그런데 2017년 7월, 대전역 도착 시간이 늦다는 괴상한 이유로, 서울역을 떠나는 막차 시각이 밤 9시 50분으로 당겨졌다. 어이가 없었지만 그래, 1차만 마시고 가자는 심정으로 받아들였다. 그러다 2019년 12월에는 막차 시각이 오후 7시 49분으로 당겨진다는 코레일의 일방적인 통보를 받았다. 코레일은 철도 작업을 위해 막차 시각을 조정한 것이라 설명했지만, 정말 대체 수단이 없었을까. 이때부터는 서울에서 한잔하려면 KTX를 타고 대전역에 내려, 먼저 떠난 무궁화호로 갈아타야 했다.

그러던 것이 2021년 12월 28일부터는 막차 시각이 오후 5시 31분으로 당겨졌다. 이제는 꼭 서울만이 아니라 대전이나 인근 지역에서 일을 보고 돌아오던 사람들의 마음도 바빠졌다. 코레일은 대구차량사업소 개량 공사 때문에 어쩔 수 없다고 했지만, 이를 수긍하는 주민들은 적었다. 이제 서울 일을 어떻게 보냐고 항의하는 주민들에게 코레일은 KTX를 타고 대전에서 환승하라고 답했다. 물론 그렇게 하면 조금 더 머물 수 있지만 환승하느라 기다리는 시간에, 두 배 이상 오른 기차 요금은 어쩔 것인가. 이제 대중교통이 편한 곳으로 이사를 가야 하나 고민이 생길 수밖에 없다.

'윤석열차'는 공공성 소멸의 전조

옥천만의 문제도 아니다. 전남 순천에서 출발해 보성, 화순 등을 거쳐 용산역으로 가던 무궁화호도 완전히 사라졌다. 작년 국정감사 자료에 따르면 2017년부터 2021년 8월까지 전체 편성의 36%에 달하는 주중 44편, 주말 50편의 무궁화호 운행이 중단되었다. 한때 전체 운행 열차의 절반을 차지했던 무궁화호가 2010년부터 꾸준히 줄어들어 지금에 이르렀으니 '대학살'이라는 말이 무색하지 않다. 대신 통근열차가 늘어났다고 하지만, 대도시 인근의 이야기이고 변경 지역과는 무관하다. 결국 관건은 수익성이다.

모든 길은 서울로 통하는 판국에 그나마 저렴하게 지역을 오갈 방법을 줄이면서 지방 소멸을 막겠다니 한숨이 절로 나온다. 균형 발전을 한다며 쓸데없는 시설을 만드는 사업들에 예산을 쏟아붓는 것보다, 지금 살고 있는 사람들의 편의를 보장해야 할 텐데, 그런 고민을 하는 정치인은 잘 보이지 않는다.

열차가 서지 않으면 기차역이 사라지고, 기차역이 사라지면 그 주변의 상권이 붕괴한다. 그러면 그곳을 재개발하거나 도시 재생을 한다며 요란을 떨지 모르겠다. 하지만 그런 사업들은 정작 주민들에게 별다른 혜택이 없다. 무궁화호의 사라짐과 지역경제의 쇠퇴가 무관할까.

더구나 철도는 온실가스 배출량을 줄이고 탄소중립을 실현할 중요한 수단이다. 유럽은 기후위기에 대응하기 위해 도로와 항공 통행량을 철도로 전환하는 교통 체계를 만들어 가고 있다. 이런 시대에 전국에 공항을 늘리고 열차 노선을 줄이고 자가용을 타라는 한국 정치인들의 공약은 합리적인 대안일까? 문재인 정부가 공약했던 KTX와 SRT의 통합은 물거품처럼 사라졌고, 2022년 정부 예산에서도 늘어난 건 공항과 도로 예산이다.

이 와중에 국민의힘은 '윤석열차'를 운영한다고 밝혔다. 평소 방문하기 어려운 지방의 중소도시를 무궁화호로 방문하기 위해 전세 차량을 빌렸다고 한다. 일반 편성된 무궁화호를 타 보아야 철도로 전국을 도는 게 얼마나 어려운 일인지 알 텐데 참 아쉬운 일이다. 그리고 사람들이 이용하는 노선도 운행 효율성과 수익성 악화를 빌미로 사라지는 판국에, 별도로 전세 차량을 허가받은 건 공정한 일인가?

열차 줄이면서 지방 소멸 막겠다니

윤석열 후보가 무궁화호를 타고 전국을 돈다고 그 열차가 부활할 것 같지는 않다. 윤 후보가 무궁화호의 속도에 만족하며 조금 더 느린 세상을 만들겠다고 약속할 것 같지는 않기 때문이다. 과연 윤 후보는 무궁화호가 멈춘 곳에서 지역 간 공공교통을 되살리겠다고 공약할까? 공약인 충청내륙철도, 중부권 동서횡단철도를 다니는 열차는 무궁화호가 되고 공공교통이 강화될까?

역사학자 로버트 단턴은 『고양이 대학살』이란 책에서, 부르주아가 기르던 고양이를 재판하고 교수형시킨 노동자들의 행동에서 혁명의 기운을 감지했다. 나는 '정권 교체'의 경적만 울리며 달릴 윤석열차에서 공공성 소멸의 전조를 본다. 나만 안타까운 건가.

(2022. 1. 25.)

거꾸로 가는 한국의 공공교통 정책

십여 년 전 지방으로 이주를 준비할 때 많은 사람들이 운전면허를 딸 것을 권했다. 나는 강연이나 교육 때문에 전국을 많이 돌아다니는 편인데, 수도권이나 광역시를 벗어나면 어디건 대중교통이 원활하지 않기 때문이다. 생태계를 생각해서 나라도 자가용을 운전하지 않겠다고 했던 고집이 잠깐 흔들리긴 했지만, 좀 둘러 가더라도 대중교통을 이용하자고 다짐했다.

이주를 해서 보니, 지역 내를 다니는 버스가 있지만 노선이 적고 거의 한 시간 간격으로 다녔다. 시외의 경우는 상황이 더 심각해서 자가용으로 한 시간이면 갈 수 있는 거리가 대중교통으로는 보통 두세 시간이 걸렸다. 이것도 환승 시간이 맞는 운좋은 경우의 이야기이고 운이 나쁘면 네다섯 시간도 각오해야 했다.

시외버스 노선 대부분 폐지나 감축

코로나19 이후에는 상황이 더 심각해졌다. 아예 시외버스 노선이 사라지는 경우가 속출했다. 우리 지역만 봐도 코로나19 이전에는 동서울이나 인천, 대전, 청주 등으로 오가는 버스가 있었지만, 지금은 대부분의 노선이 사라지거나 감축되어 5분의 1 정도 수준이다. 다른 지역의 경우도 크게 다르지 않아서 서울로 가는 버스나 인근 지역을 다니는 버스 외엔 대부분이 사라졌다.

국토교통부의 대중교통 현황 조사에 따르면, 2021년의 시외버스 노선 수는 2017년도와 비교할 때 497개나 줄어들었다. 이조차도 하루에 한두 대 다니는 경우를 제외하면 노선 수는 엄청나게 줄어들 것이다. 자연히 업체의 보유 대수는 줄어서 4년 동안 고속버스의 경우 401대가 줄었고 시외버스의 경우 1,637대가 줄었다. 2022년에도 노선과 버스의 수는 계속 줄어들어, 수도권을 제외하면 지방에서 지방으로 다니기가 매우 어려워졌다.

버스 회사들은 코로나19가 길어지면서 승객이 줄고 기름값과 인건비가 올라 경영이 악화되었다는 명분을 든다. 그렇지만 노선이 사라지면 시민들은 자가용을 몰 수밖에 없기에 승객이 더 줄어드는 악순환은 심화된다. 버스 회사들은 대안을 마련하려는 노력 없이 정부에 더 많은 보조금을 지급하라고 요구하지만, 운송 원가조차 투명하게 공개하지 않는 버스 회사에 막대한 보조금을 주는 것이 무조건 대안일 수는 없다. 따라서 정부가 지원하되 공공성을 강화해야 하고, 요금 할인이나 안전 투자, 노선 확대 등을 요구해야 하는데, 지금은 정부와 버스 회사 모두가 무책임하다.

버스만의 문제도 아니다. 한국철도공사 통계를 보면, 2017년과 2021년을 비교할 때 KTX와 새마을호의 운행 횟수는 주중 기준으로 각각 66회, 20회 늘어났지만, 무궁화호의 운행 횟수는 79회나 줄어들었다. 그럼에도 한국철도공사는 매년 무궁화호를 단계적으로 줄이는 계획을 세우고 있고, 무궁화호 객차를 2028년까지 71대만 남기고 90%가량 폐차할 예정이다. 그러면 무궁화호를 이용하던 승객들, KTX나 새마을호가 서지 않는 지역의 주민들은 무엇으로 이동해야 할까?

지방 소멸 조장하며 돈만 뿌리는 정부

2022년 6월, 독일은 9유로만 지불하면 한 달간 독일 전역의 버스와 지하철, 트램, 일반열차(고속열차 제외) 등을 무제한 이용할 수 있는 티켓을 판매했다. 이를 통해 공공교통을 활성화하고, 기후위기에 대응하며, 에너지 효율을 높이는, 세 마리 토끼를 동시에 잡는 전략이다. 실제로 5천만 장이 넘는 티켓이 판매되었고, 대중교통 이용률이 10~15% 증가했다고 한다. 효과가 보이자 스페인을 비롯한 다른 나라들도 이런 정책을 세우고 있는데, 한국은 반대로 가고 있다.

정책의 근거가 없는 것도 아니다. 2005년에 제정된 '교통약자의 이동편의 증진법'은 교통 약자가 인간으로서의 존엄과 가치, 행복을 추구할 권리를 보장받을 수 있도록 사람들이 이용하는 모든 교통수단, 여객 시설 및 도로를 차별 없이 안전하고 편리하게 이용할 권리를 가진다고 규정한다. 그리고 국가와 지방자치단체가 이동권을 보장하기 위한 정책을 수립하고 시행할 것을 책무로 규정하고 있다. 그럼에도 지금은 국가와 지방자치단체, 어느 누구도 책임을 지지 않고 있다.

2022년부터 매년 1조 원 규모로 지방소멸대응기금이 편성되어 사용될 예정이다. 2022년에는 이미 7천5백억 원을 배분했고, 선거가 계속 있으니 아마도 더 많은 예산이 지역에 뿌려질 것이다. 하지만 주민들이 알지도 못하고 효과도 없는 돈을 쓰는 것보다 차라리 전국적으로 공공교통 공영제를 추진하는 것이 더 좋지 않을까. 교통 약자의 이동권을 보장하는 무상교통이면 더더욱 좋고.

(2023. 1. 3.)

무궁화호를 타던 3천만 명은 대체 어디로 갔을까

가족과 함께 수도권을 떠나 충청북도 옥천군으로 이사를 온 지가 어느새 13년이 넘었다. 처음 이사 왔을 때에는 서울을 오가는 무궁화호가 밤늦게까지 있었고 동서울을 오가는 시외버스도 있었다. 충북의 도청 소재지인 청주를 오가는 시외버스나 가까운 대도시권인 대전을 오가는 시외버스도 자주 있었다. 10년 이상 지난 지금 무궁화호의 운행 횟수와 차량 수는 많이 줄었고, 시외버스는 정말 턱없이 줄어들었다. 신념을 품고 지방으로 내려온 사람일지라도 버티기 어려울 정도이다.

철도통계연보에 따르면, 2013년에 무궁화호를 이용한 승객 수는 총 6,694만 명이고 고속철도를 이용한 승객 수는 5,409만 명, 전체 수송인원은 1억 3,203만 명이다. 2021년 통계를 보면 고속철도를 이용한 승객 수는 KTX와 SRT를 합쳐서 7,008만 명, 무궁화호 승객 수는 3,546만 명, 전체 수송인원은 1억 1,309만 명이다. 철도를 이용하던 승객 수가 8년 동안 무려 1,894만 명이나 줄었다. 그리고 고속철도 수송인원은 1,599만 명 늘어났지만, 무궁화호 수송인원은 절반 정도인 3,148만 명이 줄었다.

한국철도공사가 고속철도 비중을 늘리는 이유는 단순하다. 기존의 무궁화호 노선은 운행할수록 적자가 늘어나고, 고속철도는 흑자 노선인데 그마저도 SRT로 분리되었기 때문이다. 그런데 고속철도만 늘리고 무궁화호를 줄이면 철도 이용객이 늘어날까? 무궁화호 노선이 미세혈관처럼 전국 곳곳의 다양한 지역을 다닌다면, 고속철도는 대도시에만 정차한다. 당장 내가 사는 옥천만 해도 고속철도를 이용하려면 대전으로 나가야 하고, 기차역에서 환승 시간까지 기다려야 한다. 고속철도를 편리하게 이용할 수 있는 대도시에 사는 사람이 아니라면 철도는 점점 더 불편한 교통수단이 된다. 전체 수송인원이 대폭 줄어든 이유는 다양하겠지만, 무궁화호의 감소와 무관하지 않을 것이다.

더구나 낡은 무궁화호가 계속 폐차되고 있어 그 수는 더욱 더 줄어들 전망이다. 기차 노선이 줄어들었을 뿐 아니라 차량도 줄어들어 이제 경부선 무궁화호조차도 5~7량으로 운영되고 있다. 지금의 수순이라면 2028년엔 무궁화호가 완전히 사라지고, ITX-새마을과 신형 EMU-150 열차가 그 자리를 대체할 것이다. 그렇다면 지금도 무궁화를 타고 있는 시민들은 어떤 선택을 해야 할까?

그리고 무궁화호가 사라지면 기차가 서던 역은 어떻게 될까? 구도심이 되어 쇠락하던 역전은 새로운 개발 기회를 맞을 수도 있겠지만, 이동이 불편한 지역에 살려는 사람은 없다. 2020년 옥천군 사회조사보고서를 보면 이사를 하는 이유에서 '직장 및 사업상 이유로'(28.6%) 다음이 '(옮겨 가는 곳의) 교통 및 인근 시설이 편리해서'(22.5%)이다. 교통 문제가 '자녀의 교육 때문에'(22.3%)나 '경제적인 이유로'(9.5%)보다 앞선다. 불편한 교통이 이주를 결심하게 만들고, 지역의 인구 유출을 가속화한다.

그도 아니면 자동차를 구입해야 한다. 시외버스도 줄어든 상황에서 철도까지 줄어들면 시민들은 자동차를 구입할 수밖에 없다. 2013년 자동차 등록 대수는 1,940만 대에서 2021년 2,491만 대로 늘어났다. 철도 이용객은 1,894만 명이 줄고 자동차는 551만 대가 늘어났다. 내가 사는 충청북도의 경우도 8년 동안 약 24만 대가 늘어났다. 인구가 2만2천 명 정도 늘어나는 동안 자동차는 24만 대가 늘어났다. 인구 증가 속도보다 자동차 증가 속도가 열배 이상 빠른 셈이다.

그런데 기후위기에 대응하기 위해 온실가스 배출량을 줄여야 한다면서 자가용을 늘리는 것이 올바를까? 국내 온실가스 배출량에서 자동차 생산과 도로 수송 부문이 차지하는 비중이 14.6%에 달한다. 자동차를 줄이고 공공교통을 강화해 수송 부문에서 온실가스 배출량을 줄이는 것이 기후위기에 대응하는 중요한 방법이다. 하지만 현실은 정반대이다.

그리고 농촌의 경우 대중교통을 이용하는 사람들 대부분은 자가용을 이용할 수 없는 약자들이다. 수도권에도 교통 약자가 있겠지만 비수도권 지역의 교통 약자가 느끼는 문제는 더욱 더 심각하다. 게다가 폭염이나 폭우, 혹한으로 열차 운행이 전면 중단되면 일을 전혀 못 하는 사람들도 있다. 비수도권에 사는 사람에게 기후위기와 지방 소멸은 밀접하게 연관된 문제이다. 위기가 오고 소멸이 온다고 겁을 주는 것보다 살아갈 조건을 마련하는 것이 정부의 몫이고, 기후위기에 더 많이 노출되는 약자들의 이동권을 보장하는 것이 정부와 공기업의 몫이다. 이런 기본조차 지키지 못하면서 공공성을 지킨다고 말할 수는 없다.

무궁화호를 타던 사람들은 앞으로 어떻게 살아야 할까? 그동안 무궁화호가 줄어들면 안 되고 교통의 공공성이 중요하다고 계속 주장해 왔지만, 지금도 철도에 문제가 생기면 가장 먼저 운행 중단되는 것이 무궁화호이다. 그마저도 계속 줄어들고 있다.

SRT가 재공영화되고 통합 운영된다면, 그 흑자를 이용해 무궁화호를 계속 운행하는 것이 가능하지 않을까? 그렇게 되면 철도망이 계속 유지되고 기차역도 활성화되면서 무궁화호가 사라지지 않을 수도 있지 않을까?

가장 먼저 매진되고 가장 먼저 중단되는 무궁화호, 이보다 현실의 모순을 더 잘 보여 주는 장면이 없다. 해답이 없는 것도 아니다. 이미 답은 나와 있다. 문제는 답하지 않는 정치이다. 노동자와 시민들의 외침은 정치인들의 답을 끌어낼 수 있을까? 나와 가족은 계속 이곳에 살 수 있을까? 이것은 당위가 아니라 실존의 문제이다.

(『오마이뉴스』 2023. 9. 7.)

다른 대안이 없다는 말

지난 1월부터 동네의 공동체 라디오 방송국에서 매주 한 시간 분량의 방송을 녹음하고 있다. 지난번엔 세 번으로 나눠 「충청권 광역생활경제권 전략수립 연구용역」 보고서의 주요 내용을 방송에서 낭독했다. 송신소 반경 10km의 소출력 방송이라 몇 명이나 들을지는 알 수 없지만, 작년 연말에 나온 이 보고서의 내용을 주민들과 공유하고 싶었기 때문이다.

안 되면 그만, 돼도 문제인 메가시티

300쪽이 넘는 보고서의 주요 내용을 하나씩 읽으며 그 타당성을 짚어 봤다. '초광역 경제권', '광역 생활권', '지역 문화권'을 구축하겠다며 현란한 수식어와 화려한 도표, 그림을 활용한 보고서는, 읽을수록 고개를 갸우뚱거리게 만들었다. 지방 소멸과 균형 발전의 대안이라는 사업들이 초광역 혁신클러스터(바이오, 모빌리티, 인공지능 메타버스) 조성, 4차 산업혁명 소재부품산업과 R&D 플랫폼 구축, 지방투자금융체계 강화, 글로벌 인적자원의 역량 강화 등이었기 때문이다.

근사한 얘기들이긴 한데, 이와 비슷한 이야기는 다른 광역 지자체들의 기획에서도 쉽게 찾아볼 수 있다. 글로벌 백신 허브는 이미 인천 송도에서 추진 중이고, 미래 모빌리티나 4차 산업과 관련된 구상은 거의 모든 광역지자체가 세우고 있다. 전략 산업이 필요하다는 건 알겠는데, 이런 구상들이 과연 실효성이 있을까?

더구나 규제자유특구, 규제 프리존, 규제혁신 선도도시 같은 구상들이 보고서 곳곳에서 보인다. 마치 그동안 기업들에 대한 규제가 많아서 지역이 위기에 빠진 듯하다. 그리고 유치와 준비, 진행, 이후 관리 비용까지 따지면 예산 먹는 하마라 불리는 메가스포츠대회(2027년 하계유니버시아드) 유치까지 잡혀 있으니, 계획대로 되어도 문제이다. 국가 균형 발전과 지역 격차 해소를 위해 충청권의 연대와 협력이 중요하다는데 시민들은 뭘 연대하고 협력해야 할지 알 수 없고 걱정만 쌓인다.

같이 라디오 방송을 진행하는 PD가 지역을 찾아온 국회의원에게 이게 정말 대안이냐고 물었더니, "다른 대안이 없다"

는 답을 들었다고 한다. 그렇게 중요한 계획이라면 왜 주민들과 같이 세우지 않을까. 이 질문을 행정에 던지면 이것은 계획일 뿐 아직 구체적인 게 없고 차차 의견을 수렴하겠다는 대답이 돌아온다. 이 대답은 민중은 개돼지, 먹고살게 해 주면 되는 거 아니냐고 말한 공무원의 시각과 얼마나 다를까.

일자리와 인구가 핵심일까

메가시티를 반대하면 마치 세상 물정 모르는 사람처럼 무시당하거나, 그럼 당신의 대안은 뭐냐는 비아냥을 듣기 십상이다. 메가시티 구상에는 농촌의 자리가 없다고 얘기하면 농촌 근본주의자 취급을 받는다. 진보, 보수 막론하고 비슷한 반응이라 마치 내가 농촌 탈레반이라도 된 느낌이다. 그렇지만 내가 사는 곳이 농촌이니 왜 우리에 관한 구상은 없냐고 물을 수밖에 없다.

그런데 정말 일자리만 생기면 모든 문제가 해결될까? 메가시티가 만들어지면 사라진 꿀벌도 돌아오고 생물 다양성도 회복되고 기후위기에도 대응할 수 있을까? 복잡한 건 싫고 그냥 간단한 해결책에 기대고 싶은 마음, 모르는 바는 아니다. 그렇지만 이미 세상은 매우 복잡하고 어떤 선택이 가져올 결과를 예측하긴 더더욱 어렵다.

그리고 일자리가 없다고 얘기하지만 지역사회에 필요한 일은 이미 많다. 먹거리를 챙기고, 돌봐야 할 사람들을 돌보고, 물건을 고쳐 쓰고, 생태계를 보존하고, 기후위기에 대응하려면 많은 일손이 필요하다. 누구나 원하는 좋은 일자리로 만들지 못했을 뿐 농촌에서도 필요한 일자리는 늘어나고 있다. 이미 존재하고 필요한 일을 더욱더 좋은 일자리로 만들지 않은 채 손에 잡히지 않는 새로운 일자리만 기다려야 할까?

왜 다른 가능성에 대한 아무런 정보 없이, 다른 대안에 대한 얘기도 못 꺼낸 채, "다른 대안이 없다"는 이야기만 들어야 하나. 설명하지 않는 행정과 듣지 않는 전문가, 이윤만 좇는 기업, 그들이 만든 세계를 정당화하는 '효율성'이라는 기준은 언제나 일방적이다.

지난번에 '무궁화호 대학살'이라는 칼럼을 썼지만, 4월부터는 무궁화호 편수가 더 줄어들었다. 공기업이지만 사기업과 다르지 않은 코레일에 물으면 아마 다른 대안이 없다고 답할 것 같다. 하지만 무궁화호의 축소와 지방 소멸은 연관이 없을까. 피가 돌지 않는 몸이 건강할 수 있을까. 대안에 대한 고민은 상식적인 질문에서 시작된다.

(2022. 3. 29.)

밑 빠진 독에 물 붓기,
이득은 누가 챙기나

지방소멸대응기금은 인구가 줄어드는 비수도권의 지방자치단체가 생활인구와 관계인구(이주하지는 않았지만 지역을 방문하며 관계를 유지하는 사람)를 늘릴 계획을 자율적으로 세우도록 유도하기 위한 기금이다. 2022년 7월 행정안전부는 전국 122개 지방자치단체가 지방소멸대응기금을 받기 위한 투자 계획을 제출했다고 밝혔다. 매년 1조 원 규모로 편성되는 기금이라 n분의 1로 쪼개면 그리 큰 금액은 아님에도 많은 지자체들이 지원했다. 내가 사는 지역도 '인구 감소 지역'으로 지정되어 사업 계획을 제출했다.

이런 지원이 지역에 활기를 불러일으키길 바라지만 큰 기대는 없다. 관계인구라는 말은 뭔가 어정쩡하고 사업을 추진하는 지자체의 태도도 애매하다. 이번에 제출된 사업들은 그동안 지자체들이 추진해 온 사업들과 얼마나 다를까? 행안부에 따르면 제출된 투자 계획들이 문화·관광(28%), 산업·일자리(23%), 주거(20%) 등에 맞춰졌다고 하니 기대감이 잘 생기지 않는다.

그리고 지역의 자율성을 존중한다고 하지만 결국은 '전문성과 경험이 풍부한 사람들'과 공무원들이 계획을 심사해서 투자 규모를 결정한다. 평가단에 참여한 사람들은 122개 지역을 얼마나 이해하고 있을까? 여기저기 혁신이란 단어는 보이지만 '자율'적인 계획을 '심사'해서 사업비를 지원한다는 이상한 과정은 하나도 바뀌지 않았다. 돈의 규모는 늘어도 중앙정부가 돈을 쓰는 방식은 거의 바뀌지 않는다.

그들만의 이득 잔치에 주민은 뒷전

운 좋게 사업에 선정되면 지자체는 얼마를 받았다는 현수막을 또 여기저기 내걸 것이다. 그렇지만 그 사업들이 주민들에게 얼마만큼 도움이 될까? 2005년 이후 균형 발전을 명분으로 144조 원이 투자되었고, 우리 지역에도 10여 개의 사업들이 지원을 받았다. 그리고 지방소멸대응기금 이전에도 수도권의 지방소비세 일부로 조성된 지역상생발전기금이 2010년부터 운용되고 있지만 상황은 달라지지 않고 위기감은 여전하다.

더구나 중앙정부가 지자체의 자율적인 노력을 평가하고 그에 상응해서 지원 규모를 정하기 때문에, 지자체들은 사업 지원을 위한 예산을 묶어 놓는다. 그러면 주민들과 함께 열심히 고민해야 할 텐데, 지자체가 사업 계획을 컨설팅 업체에 맡기는 경우도 많다. 어렵게 지원을 받아도 지자체 공무원들이 제대로 사업을 이해하지 못하는 상황도 벌어진다.

그러다 보니 정작 주민들에게 필요한 사업은 뒤로 밀리기 일쑤이고, 그러는 동안 일상생활이 불편해진 사람들은 지역을 떠난다. 지역을 살린다며 대대적으로 홍보하는 사업들이 실제로는 위기를 심화하는 셈이다. 돈이 없는 것도 문제이지만 돈의 성격과 돈을 쓰는 방식도 문제인데, 그에 관한 논의는 없다.

지자체는 중앙정부의 지원을 못 받으면 큰일이 나는 듯 말하지만, 정말 돈이 문제일까? 2022년을 기준으로 주민 1인당 세출예산액을 비교해 보면, 내가 사는 지역은 서울시에서 세출예산액이 가장 높은 중구보다도 두 배 이상 많다. 물론 인구가 적고 고령화된 농촌과 그렇지 않은 도시를 기계적으로 비교할 수는 없지만 세금으로 걷는 돈보다 쓰는 돈이 많고, 그 차이는 중앙정부의 교부금과 보조금으로 메워진다. 지자체들은 돈이 없어 주민을 위한 사업을 할 수 없다고 얘기하지만, 매년 큰 규모의 잉여금을 남긴다.

좀 과하게 말하면, 지자체들은 지역 주민들을 볼모로 삼아 중앙정부에 지원을 요구한다. 필요한 지원은 받아야 하고 주민들이 원하는 사업은 해야 하겠지만, 지금과 같은 방식은 밑 빠진 독에 물 붓기이다. 새로운 지원금이 계속 생겨도 그 돈이 주민들의 삶의 질을 높일 가능성은 낮다. 새로운 건물이 들어서고 현란한 수식어를 단 사업들이 생긴들, 살기가 불편해서 떠나는 사람들을 붙잡진 못한다. 결국 사업의 이득은 정치인과 기업, 지주, 브로커들이 챙기고, 주민들은 점점 더 관객석으로 밀려난다.

흠뻑쇼 논란의 의미심장한 대목

가뭄이 한창이던 때, 가수 싸이의 흠뻑쇼를 두고 오간 설전은 날선 감정만 남겼다. 한편은 지방 처지를 모르는 서울로 가는 물과 농산물을 끊어 버리자고 했고, 다른 편은 이럴 거면 서울에서 나오는 지방교부금을 끊어 버리자고 했다. 오해와 편견을 키우는 말은 내뱉기가 쉽고, 끊어진 관계를 복원하려는 말은 어렵다.

지방의 활기를 회복하려면 분명히 돈이 필요하지만, 그 돈은 우리가 의존해 온 수많은 관계들을 은폐하거나 왜곡하곤 한다. 이제는 돈의 액수보다는 집행 방식과 그 흐름을 봐야 하지 않을까? 이제부터는 '소멸'이라는 위협보다 보듬어야 할 '관계'가 드러나면 좋겠다.

(2022. 8. 16.)

‘식품 사막’은 올바른 표현일까

몇 달 전부터 언론에서 ‘식품 사막(food desert)’이라는 말을 자주 접하게 된다. 이 말은 가게가 문을 닫아 생선이나 두부, 계란 같은 신선식품을 구하기 어려운 한국 농어촌의 현실을 묘사하는 데 주로 사용되고 있다. 통계청의 농림어업 총조사에 따르면, 2020년을 기준으로 전국의 행정리 중 73.5%에 식품 소매점이 없다. 시장이 멀고 교통도 불편해 농촌의 밥상이 척박해지고, 관광지가 아닌 시골 마을에는 식당조차 없어 집 밖에서 끼니를 때우기 어려운 건 사실이다.

그래서인지 지난 7월 말 농림축산식품부는 ‘식품 사막’의 해결책으로 생활필수품과 농산물을 실은 개조 트럭을 농협과 함께 운영하겠다는 ‘가가호호 농촌 이동장터 추진 계획’을 발표했다. 농촌이라는 '사막'에 이동식 '오아시스'를 만들어 주겠다니, 이 얼마나 자비로운 발상인가.

사막이 은폐하는 불평등

그런데 왜 식품 사막이란 말이 불편하게만 느껴질까? 가령 '지방 소멸'이란 말은 청년이 줄어드는 지역 현실을 묘사하며 대안을 찾으려는 노력을 표현하는 듯 보이지만, 실제로는 지방의 불안을 가중시켜 인구 유출을 부추기는 역설적인 상황을 만들고 있다는 점을 생각해 볼 수 있다. 식품 사막이란 말에는 그런 위험이 없을까? 식료품도 구하지 못하는 척박한 동네에 도대체 누가 살려고 올까? 그리고 정작 먹거리를 생산하는 곳이 농어촌인데, 농어촌을 식품 사막이라 부르는 것이 올바를까?

원래 식품 사막은 영양가 있고 신선한 먹거리를 구입하지 못하는 도시의 빈민가 지역을 묘사하는 말이었다. 원래 이 개념에서는 식료품점과의 거리보다는 소득과 교통 같은 사회경제적인 요인이 중요했다. 게다가 식료품점의 존재 여부나 소비자와의 물리적 거리가 정말 식료품 가격보다 중요한 문제인지에 관해서는 논쟁이 이어지고 있다.

그런데 한국에서는 충분한 논의도 없이, 식품 사막이라는 말이 마치 농촌의 문제인 것처럼 쓰인다. (사막을 불모지로만 보는 근대적인 사고방식의 문제는 여기서 일단 논외로 하자.)

사실 콘크리트로 덮인 도시야말로 메마른 불모지이고, 물가가 올라 식료품점이 있어도 신선한 먹거리를 쉽게 집어 들지 못하는 도시인들에게도 오아시스가 필요하다는 논점은 흐릿해진다.

그래서 식품 사막이라는 말 자체를 문제 삼는 흐름도 있다. 미국의 먹거리 정의(food justice) 운동은 식품 사막이 인종과 계급 문제가 교차하는 현실을 은폐하는 용어라고 비판한다. 식품 사막이라 불리는 지역에 사는 사람들이 대부분 유색인종과 빈곤층이라는 점을 드러내지 않고 시장 접근성만을 부각하기 때문이다. 그래서 이 운동은 식품 사막 대신에 '식품 아파르트헤이트(food apartheid)', 즉 식품 차별정책이란 용어를 쓴다.

어쩌면 한국 현실을 묘사할 때는 '소외'라는 말이 더 적합할지 모르겠다. 마치 노동자가 자신이 생산한 생산물과 노동에 대한 통제권을 가지지 못하고 소외되듯이, 농민들도 지금의 식품산업 체제에서 자신의 노동과 생산물에 대한 권리를 잃어 가고 있기 때문이다. 육류 소비의 증가로 축사가 계속 늘어나는 농촌에서는 그로 인한 악취와 생태계 파괴 문제가 점점 불거지지만 그걸 해결할 힘은 농촌에 없다. 농민은 점점 더 대형화되는 식품산업 체제의 계약직 노동자가 되고 있고, 농촌은 도시에서 소비할 식량을 생산하는 공장이 되고 있다.

농민과 농촌의 소외가 본질이다

반도체 산업을 지키기 위해서라면 막대한 투자도 서슴지 않지만 농산물 가격이 오르면 수입부터 확대하는 나라에서는 이런 농민과 농촌의 위기가 잘 드러나지 않는다. 2022년부터 식품산업의 생산 실적이 최초로 100조 원을 넘어섰지만, 농민들은 아직도 쌀 한 가마니 가격 20만 원을 보장하라며 머리띠를 묶어야 한다. 식품 사막이라는 말은 이런 모순된 현실을 불편하지 않게 포장하려 든다.

그래서 농민과 농촌을 소외시켜 온 사회가 고령화된 농민들에게 시혜를 베푸는 장면은 뭔가 불편하다. 물론 고령화된 농촌 현실에서 푸드 트럭이나 대신 장을 봐 주는 주민도움센터, 이동장터 등이 당장 필요한 건 사실이다. 그러나 그것은 현상을 유지하는 일시적인 방법일 뿐이다. 그 노인들마저 사라지면 우리 농촌은, 그 농촌에 기대어 살아온 도시는 어떻게 될까? 손수 기르지도 거두지도 않으면서 소비를 늘려 온 도시의 사막화는 더욱더 빠른 속도로 진행될 것이다.

농수산물이 정당한 값을 받고, 그 일이 사회적으로 필요하고 좋은 일자리로서 인정받으며, 농어촌이 생물다양성을 보존하는 곳으로 존중된다면, 식품 트럭이 돌지 않아도 지역은 활기를 되찾을 것이다. 그렇게 먹거리의 생산과 소비를 결정하는 힘이, 세계화되고 거대화된 식품산업 체제의 손에서 벗어나려면, 사회 전체의 노력이 필요하다. 그러려면 현실의 풍경을 올바로 그려야 하지 않을까.

(2024. 9. 30.)

농민을 계속 '열외 국민'으로 둘 건가

농민들이 자신들의 처지를 '열외 국민'이라 부른 지 10년이 넘었다. 이 자조 섞인 말은, 정부가 농민을 국가 경제의 주체로 여기거나 참여시키며 정책을 세우지 않고, 또 농정(農政)을 책임지거나 대변하는 정치인도 없는 아픈 현실을 반영한다.

그러면서 농촌은 묘한 공간이 되었다. 농촌에 일자리가 없어서 청년들이 대도시로 떠난다는 말을 귀에 못이 박히도록 듣는데, 농촌의 일손 부족이 심각하다는 얘기도 매년 나온다. 농산물 가격은 오르는데, 매년 제자리걸음하는 농가 소득에서 농업 소득의 비중은 20%도 안 된다. 쌀이 남아돌아서 정부가 앞장서서 벼 재배 면적을 줄인다는데, 매년 쌀 소비량의 10% 정도를 수입하고 있다. 농작물을 기르는 곳인데, 신선한 식재료를 구하기 어려워서 '식품 사막'이라 불린다.

사라진 농정

12·3 불법계엄 사태 이후 '전봉준 투쟁단'이 여론의 반짝 관심을 받았다. 하지만 늘 그렇듯이 관심은 오래가지 않았고, 이재명 정부는 갑자기 농식품부 장관을 유임시켰다. 농민들이 유임을 반대하며 대통령실 앞에서 농성하고 국무총리가 농성장을 방문했지만 장관은 교체되지 않았다. 윤석열 정부에서 거부됐던 양곡법과 농안법 개정안이 국회를 통과했지만, 농민들은 기존 안보다 후퇴했다며 반발하고 있다. 잠잠해질 만하면 터지는 농협이나 농어촌공사의 비리는 개선 가능성이 잘 보이지 않는다. 다른 쪽은 모르겠으나 대통령과 농민의 마음은 서로 거리가 멀다.

그렇게 답답하면 농민들이 직접 정치에 개입하면 될 거 아니냐고 말할지 모르겠다. 노동자가 노동부 장관을 하는 마당에 농민도 그렇게 하면 되지 않냐고. 맞는 말이다. 농민이 국회의원을 하고 장관도 하면 좋겠고, 그런 정치를 지원할 조직도 단단하면 좋겠다. 하지만 노동조합과 달리 농민회는 전임자를 두기도 어렵고, 농사 주기를 포기하고 정치 일정에 맞춰 싸우기도 어렵다. 정치인은커녕 지역 농민회 사무국장을 구하기가 하늘의 별 따기라는 이야기를 들은 지가 한참 전이다. 정치가 가장 절실하지만 그 절실함을 풀 기반이 없다.

그러면서 농촌 내부 문제도 점점 더 심각해졌다. 대농과 소농의 소득 격차는 정규직과 비정규직 노동의 차이보다 훨씬 크고 점점 더 벌어지고 있다. 농가 소득에서 해마다 늘어나는 이전소득은 직불금이나 보조금 등을 합친 돈인데, 이 역시 대농이나 부재지주에게 유리하다. 농사지을 땅조차 구하기 어려운 농민이 있는 반면, 투자력을 바탕으로 정부 사업을 수시로 따오는 농민도 있다. 인구와 소득 감소로 농촌의 생활 기반이 무너지고 있는데, 의료대란이라면서 농촌의 공중보건의마저 수도권으로 빼 갔다. 이주노동자와 이주민들의 수는 늘어나는데, 이들의 노동권과 시민권을 보장할 체계는 갖춰지지 않았다.

농정이 사라졌던 시간의 결과이고, 이대로라면 앞으로의 문제는 더 복잡해질 것이다. 그러니 더 꼬이기 전에 하나씩 실마리를 찾아야 한다.

여전히 농민은 열외

하지만 농민에 대한 홀대는 이번에 발표된 국정기획위원회의 '123대 국정 과제(안)'에서도 확인된다. 농업은 혁신 경제가 아니라 균형 성장의 대상이고, 추진 전략의 제목은 현실과 사뭇 다른 '희망을 실현하는 농산어촌'이다. 보통 새로운 정부가 모든 과제를 관철하기 어려우니 중점 과제를 살피는데, '12

대 중점 전략 과제'에서도 농민과 농촌은 흔적만 보인다.

농림어업을 전략 산업으로 만드는 것도 좋지만, 농림어업이 사회적으로 좋은 일자리로 인정받고 정당한 보상을 받도록 하는 일이 먼저 필요하지 않을까. K푸드로 세계에 진출하는 것도 좋지만, 그것도 제철 산지가 유지되어야 의미 있게 추진되지 않을까. 균형 성장을 하겠다는 건 좋지만, 재생에너지 프런티어, 체류·치유·관광벨트는 이미 시작된 사업들이라 농민과 농촌의 거부감을 줄일 방법부터 먼저 찾아야 하지 않을까. 장밋빛 미래를 그리는 건 좋지만, 현실에 한 발이라도 걸쳐야 농민들이 수긍하며 같이 그려 갈 마음이 생기지 않을까.

농사를 짓지 않는 나도 이렇게 느낄 정도인데, 농민들의 마음은 얼마나 착잡할까. 농가와 농민의 수는 매년 줄어들고 있고 그 속도마저 계속 빨라진다. '열외'는 스스로 일어서려는 사람의 열정과 노력을 무시하고 자존감을 파괴하는 차별이다. 그럼에도 농민들은 지금도 초대를 기다리고 있다.

(2025. 8. 5.)

지방의 실패는 누가 책임지나

2023년 8월, 말도 많고 탈도 많았던 새만금 세계스카우트잼버리가 끝났다. 이제 그 과정에서 드러났던 문제들을 진지하게 따져 봐야 할 텐데, 명심해야 할 것은 이런 실패가 처음은 아니라는 사실이다. 파행을 거듭했던 전라남도의 포뮬러1(F1) 경기, 1천억 원대의 소송에 휘말린 경상남도의 마산 로봇랜드, 수천억 원을 들였지만 적자를 면치 못하고 있는 경상북도의 3대 문화권(유교·가야·신라) 사업, 채권시장을 뒤흔들었던 강원도의 레고랜드 등 전국 곳곳에서 비슷한 일들이 반복되고 있다.

왜 지방정부는 스스로 감당하기 어려운 대형 사업을 벌이지 못해 안달일까? 임기 내 대표 사업을 만들려는 정치인들의 욕심, 끊임없이 기획서를 들이미는 기업들의 이해관계, '무사안일'하면서도 승진은 하고 싶은 관료들, 뭐라도 해야 돈이 돈다며 여론을 주도하는 지역 토호들, 별 이득 없이 들러리만 서는 지역 주민들. 이들이 뒤섞여서 계속 실패작들을 만들고 있다. 대한민국 어디서나 비슷하게 벌어지는 일들이지만 비수도권의 경우는 강도가 조금 더 세다.

국회예산정책처의 재정경제통계 시스템에 따르면, 2023년 전국의 평균 통합 재정자립도는 50.1%, 특별시·광역시·특별자치도 평균은 61.2%, 도·특별자치도 평균은 39.2%, 시 평균은 32.3%, 군 평균은 16.6%이다. 즉, 수도권과 지방의 중심지에서 멀어질수록 지방정부의 재정 능력은 줄어든다.

그래서 중앙정부는 교부세와 보조금 등으로 지방정부의 재정을 지원한다. 정부의 총지출에서 지방으로 이전되는 재원의 비중은 매년 늘어나 2023년의 경우 37.2%로 237조 9천억 원에 달한다. 2017년의 경우 133조 9천억 원이었으니, 6년 동안 104조 원이 늘어난 셈이고, 이런 재원을 보태면 지방정부의 재정 능력(재정자주도)은 군 평균이 65%로 훌쩍 뛰어오른다. 재정자주도로 보면 전국에서 특별히 가난한 지방정부는 없고, 있는 예산조차 제대로 쓰지 못하는 곳들이 태반이다. 그래서 지방정부가 무모하게 국제 행사나 대형 사업에 뛰어드는 이유를 '예산 부족'에서 찾는 건 잘못된 진단이다.

그러면 지역 주민들이 원해서일까? 지방정부는 툭하면 지역 주민들의 숙원, 염원이란 말을 쓰지만 정작 미리 의견을 수렴하는 경우는 거의 없다. 대형 사업일수록 주민들에게는 정보가 없고, 사업에 관한 기본적인 설명조차 첫 삽을 뜨고 나서야 듣는 경우가 많다. 실제로 대형 사업들은 주민들의 삶과 별로 연관이 없고, 땅을 가진 지주들과 사업에 참여한 대기업들만 이득을 본다. 개발동맹 세력은, 뭐라도 하면 좋겠지 싶은 주민들의 마음을 얄팍하게 가지고 논다.

실패가 반복되는 주된 원인은 끈끈한 이권동맹과 체계화된 무책임 때문이다. 대형 사업을 해야 지역 소식이 중앙언론에도 나오고, 중앙/지방 정치인과 관료, 기업, 토호들이 나눠 가질 이권도 생긴다. 막대한 예산, 비자금, 승진, 광고, 사회적 영향력 등 이권의 형태는 다양하다.

더구나 사업이 실패해도 누구도 책임을 지지 않는 이상한 구조이다. 정치인들은 임기가 끝나면 모르쇠로 일관하면 되고, 기업들은 시설이 완공되거나 사업 기간이 끝나면 돈 챙겨서 떠나면 되고, 관료들은 시키는 대로 했을 뿐이라고 우기면 된다. 동네에서 행세하는 눈치 빠른 사람들은 보조금만 챙긴 뒤 재빨리 다른 사업으로 갈아탄다. 실패는 이미 기획 단계에서부터 예견되고, 실패하면 또 다른 사업으로 돌려막으면 된다.

반면에 실패한 사업에 대한 책임은 이권과는 거리가 먼 주민들에게 떠넘겨진다. 골프장과 같은 난개발을 막는 일조차도 주민들이 직접 '멸종 위기종'을 찾아 보존의 근거를 만들어야 할 만큼 행정은 무책임해졌다. 예전 같으면 행정과 싸워라도 보겠지만 이제는 주민들의 수도 부족하고 고령화되었다. 더 큰 문제는, 이제는 지역을 지킬 마음조차 사라지고 있다는 사실이다. '내려올 자식'들은 없고, 내가 '마지막'이라 여기는 사람들이 대부분이다. 그러니 굳이 싸울 이유가 없다. 죽기 전에 땅이 팔리면 좋고, 도시의 자식들에게도 부모가 남긴 농촌의 집은 가격 맞춰 팔아야 할 자산일 뿐, 지켜야 할 고향이 아니다.

개발과 이권의 다툼은 어디서나 벌어지지만 책임의 상실은 지방에서 두드러진다. 실패는 누구라도 할 수 있기에 그 과정을 잘 정리하는 것이 중요한데, 지금은 이권의 흐름도, 책임의 소재도 잘 드러나지 않는다. 실패가 누적될수록 이권은 늘어나고 책임은 사라진다.

중앙정부가 지방을 더 지원해야 한다는 주장은 문제를 심화시킬 뿐이다. 끈끈한 이권동맹을 해체하는 일은 혁명을 일으키는 일만큼이나 어려움이 예상된다. 지역을 지키자고 외치기엔 자신이 없다. 이 난관을 어떻게 벗어나야 할까.

(2023. 8. 21.)

좋은 삶과 메가시티

나는 인구 3백만 명의 도시에서 태어나, 1천만 명의 도시에서 공부했고, 1백만 명의 도시에서 아이를 기르며 일하다, 5만 명의 농촌으로 이주했다. 단독주택으로 이사한 첫날 우리 집 어린이는 "이제 뛰어도 돼? 소리 질러도 돼?" 하고 물으며 집 안을 달렸다. 그때 수도권을 떠나지 않고 전세로 살던 아파트를 샀으면 벌써 몇 억 원을 벌었을 거라고 타박하는 이들도 있다. 지금은 팔아도 서울 전셋집조차 구하기 어려울 가격의 집에 살지만, 재테크가 이주의 이유는 아니었으니 그 말에 신경을 쓰지 않는다.

자산은 줄었지만 이주한 뒤 우리 가족의 시공간은 넓어졌고, 적당히 한산한 거리의 여유 있는 속도가 우리 생활의 기준이 되었다. 고개를 들면 아파트가 아니라 낮은 산이 이어지고, 가끔 집 앞에서 고라니와 뱀을 만나기도 한다. 한층 느려지고 넓어진 시공간은 감정과 생각에 여유를 줬다.

뛰어다니던 네 살 어린이는 이제 청소년이 되었고 이곳을 고향으로 여긴다. 아직은 도시를 동경하지 않고 친구들과 여유 있게 살 수 있는 이곳을 좋아한다. 관계의 밀도가 촘촘해서 큰 걱정 없이 집 밖을 다닐 수 있고, 사교육비를 쓰지 않아도 유별나게 보이지 않는 곳이라 스트레스도 적다. 작은 영화관도 생겨서 7천 원이면 개봉작을 볼 수 있고, 읍내 마트나 5일장에서 필요한 물건을 산다. 대도시의 과잉에 비하면 부족해 보이지만, 제법 넉넉한 삶이다.

당연히 불편한 점도 있다. 읍내에 병원과 약국은 여럿이지만 피부과나 부인과는 없다. 코로나19 팬데믹 이후 문을 닫은 가게들이 늘어났고, 줄어드는 대중교통은 몸과 마음을 불편하게 만든다. 동네에서 힘 좀 쓴다는 사람들의 행세는 눈살을 찌푸리게 하고, 지방행정의 무능력과 무기력은 기대를 접게 만든다. 그렇지만 대도시로 돌아갈 마음은 아직 생기지 않는다.

메가시티에 묻힐 삶의 주제들

이곳 생활을 좋아한다 해서 서울 생활에 지친 지인들에게 비수도권으로 내려오라고 말하지는 않는다. 거기서 생활할 비용이면 여기서 조금 다르게 살 수 있다고 생각하지만, 다들 나름의 사정과 선택이 있을 거라 생각하기 때문이다. 이주에 대한 상담은 환영하지만 모두가 이주해야 한다고 생각하지는 않는다.

나는 특정한 지역을 이상으로 만드는 사회보다 살고 싶은 곳을 선택할 수 있는 사회가 좋은 사회라고 생각한다. 그런데 이곳을 '인구 소멸 위험 지역'이라 정해 놓고, '경쟁력'을 높이기 위해 서울시나 수도권 같은 대도시로 더욱더 키우겠다는 발상은 상식을 위협한다. 이미 그런 발언들이, 더욱더 커지고 싶은 도시들의 욕망에 불을 붙이고 있다. 그러면 내년 총선에서 다뤄져야 할 기후위기, 약자의 이동권, 기본적인 사회 인프라의 강화 같은 주제들은 거창한 메가시티 이야기에 밀려 사라질 것이다.

그러나 메가시티가 되면 농촌의 면에도 어린이집이 운영되고 병원과 약국도 들어서고 중국집과 김밥집도 생길까? 메가시티가 되면 리(里)에도 버스가 다니고 무궁화호도 늘어나고 작은 학교들도 유지될까? 선택과 집중의 순위에 들지 못해 늘 포기해야만 했던 공간에도 활기가 생길까? 질문을 던지지만 우리는 이미 답을 알고 있다. 메가시티의 방향은 그 반대라는 것을.

사실 농촌의 출생률이 낮다고 하지만 출생률이 가장 낮은 곳은 메가시티의 정점인 서울시이다. '인구 감소→지역경제

붕괴→주민 이탈→인구 감소'라는 저주의 공식이 서울시에 적용되지 않는 이유는, 그곳이 살기 좋아서가 아니다. 서울시는 끊임없이 유입되는 인구와 자원을 무서운 속도로 갈아 넣고 순환시켜서 유지되는 도시이다. 메가시티는 주변 인구와 자원을 빨아들이지 않고도 자신의 힘을 유지할 수 있을까?

하이 모더니즘 이데올로기와 폭력

제임스 스콧은 『국가처럼 보기』라는 책에서, 때려서라도 인민을 더 좋은 삶으로 이끌겠다는 신념을 권위주의적인 '하이 모더니즘 이데올로기'라 불렀다. 근대의 공학자, 계획가, 고위 행정관료, 건축가, 과학자 등이 공유한 이 이데올로기는 국가가 사회를 합리적으로 설계하고 생산을 확대해 인간 욕구를 충족시키는 새로운 사회를 만들 수 있다고 주장했다. 이런 진보를 반대하는 건 열등하고 무능력하며 시대에 뒤처진 생각으로 매도됐다.

지금 얘기되는 메가서울이든 메가시티든 크게 다를 바가 없다. 많은 정치인과 관료, 지식인이 지지하는 이 계획은 어떤 식으로든 강행될 것이다. 그러나, 누군가는 그 장관에 매혹되겠지만 그늘에 사는 사람들에게는 격차를 상징하는 폭력일 뿐이다. 그 폭력을 유일한 대안인 듯 말하지 말라.

(2023. 11. 20.)

통합 말고 연합하면 어떨까

오는 6월의 지방선거를 앞두고 광역지자체 간의 '통합'이 핵심 이슈로 떠올랐다. 그동안 메가시티 논의가 없었던 것은 아니고, 이재명 정부가 이미 5극 3특(5개 초광역권: 수도권·중부권·대경권·호남권·동남권 / 3특: 강원·전북·제주특별자치도)을 균형 성장 전략으로 제시했기 때문에 이 이슈가 갑작스러운 것은 아니다. 문제는 그 속도인데, 주민 의견을 제대로 수렴하지 않고 이번 지방선거 전에 통합을 밀어붙이는 것은 지방자치를 거스른다는 비판을 피하기 어렵다. 하지만 수도권으로의 초집중화와 불균등 발전이라는 고질적이고 핵심적인 문제를 생각하면, 뭔가 묘수가 필요한 것도 사실이다.

백화점식 전략으론 통합의 설득이 어렵다

그렇다면 행정구역 통합은 좋은 묘수일까? 지역 거점을 만들고 주력 산업을 연계하고 권역화한다는 전략은 사실 이전 정부들에서도 반복되었던 이야기이다. 특별 보조금이나 규제 특례, 지방 이전 기업에 대한 세금 감면도, 규모의 차이는 있지만 새로운 이야기가 아니다. 그리고 이미 행정구역을 통합했던 마창진(마산·창원·진해)과 청주 같은 사례나 행정 계층을 단일화했던 제주도 사례에서는 긍정적인 시사점을 찾기가 어렵다.

재정을 쏟아 붓고 성과를 내라고 압박하면 결과가 조금 달라질 수 있겠지만, 그 반대의 경우도 가능하다. 모든 정책들이 긍정적인 기대 효과만 나열하다 보니 부정적인 효과를 제대로 살피지 않는다. 통합 대상 지역으로 거론되는 충청남도만 봐도 대기업의 생산 공장들이 생기면서 지역내총생산(GRDP) 규모는 엄청나게 늘었지만 그 돈이 지역 내에서 잘 돌지 않는다. 2024년 7월에 한국은행 대전세종충남본부가 발간한 조사연구 보고서 「충남지역 소득 및 소비 역외 유출 현황 및 정책적 시사점」을 보면, 다소 규모가 줄긴 했지만 소득의 역외 유출 규모가 2023년을 기준으로 22.3조 원이나 된다. 보고서는, 충남에 살지 않으면서 통근하며 일하는 고소득자의 비중이 높아진 것을 주요 원인으로 지목하는데, 행정구역 통합이 과연 이 문제를 풀 수 있을까?

이 보고서도 조심스럽게 메가시티 추진이 필요하다는 의견을 내지만 경기도와의 광역 경제권 구축, 대기업의 제2 본사나 거점 오피스 이전 등이 또 다른 숙제로 제시된다. 그리고 보고서는 충남 지역을 북부와 남부로 나눠서 맞춤형 대응 방안을 마련해야 한다고 보는데, 행정구역 통합이 이런 맞춤형 대응에 도움을 줄까? 고질적인 문제를 한 방에 해결할 만병통치약은 없다.

내가 사는 지역 주민들은 오는 2월부터 농어촌 기본소득을 받게 되는데, 사람들의 기대와 걱정이 반반이다. 지역화폐로 지급한다, 사용처에서 면과 읍을 구분하겠다, 90일 이내에 사용하지 않으면 소멸된다 등 단서 조항이 계속 늘어나서, 이게 무슨 기본소득인가 싶다. 도시와 달리 면 단위 농촌은 돈이 생겨도 쓸 곳이 마땅치 않다. 지역 내에서 소득이 순환해야 하는데, 순환의 거점들이 별로 없다. 월 15만 원으로 정말 지역경제를 살리고 공동체도 회복하고 사회 서비스까지 늘릴 수 있을까?

사업의 속도가 빠른 만큼 지자체의 행정도 빠르게 대응해야 하는데, 위장 전입자를 추려 내겠다는 소리부터 나온다. 제도 변화에 보조를 잘 맞추는 행정은 극소수이고, 대부분은 일을 줄이고 책임을 안 질 생각부터 한다. 사업 기획서나 추진 계획을 스스로 작성하지 않고 연구 용역으로 돌리고 결과 보고서만 서류함에 보관하는 곳이 대부분이니, 이는 예견된 일이다. 보직 순환으로 담당자가 바뀌면 사업이 도루묵 되는 경우도 태반이다. '통합'을 하면 이런 행정이 달라질까?

연합의 전략이 필요하다

그럼에도 하나의 지자체가 풀 수 없는 과제들은 분명히 있다. 작년 11월 충북 음성군에서 일어난 화학 사고가 옆의 진천군에도 영향을 미쳤듯이, 사고 범위가 넓은 화학 사고에는 광역과 인접 지자체 간의 협력이 필요하다. 군 단위에는 제대로 된 공공병원이 없는데 여러 지자체들이 연합해서 병원을 세울 수는 없을까? 지자체들의 연합은 대중교통, 먹거리 계획 등 주민 생활과 밀접한 공통의 사안들을 해결할 좋은 기반이 될 수 있다. 지방자치법은 행정협의회를 비롯해 지자체들이 함께 문제를 풀어 갈 방법을 보장해 놓았는데, 현실에서는 그런 연합의 시도가 없다.

이런 연합의 경험이 쌓여야 통합의 가능성도 생기는 것이지, 억지로 밀어붙인다고 통합이 되는 것은 아니다.

(2026. 1. 12.)

현수막 정치가 돌리는 악마의 맷돌

우리 동네 국회의원이 가장 열심히 하는 일은 중앙정부에서 무슨 사업으로 얼마를 받아 왔다는 현수막을 다는 일이다. 때로는 군청이 받은 사업까지 마구 넣어서 눈총을 받지만, 현수막의 효과인지 2012년부터 지금까지 계속 의원 생활을 하고 있다. 현수막만 보면 매년 수백억 원 이상의 사업들이 진행되는데, 왜 가게는 문을 닫고 사람들은 지역을 떠날까?

권한과 예산이 마법 지팡이일까?

중앙정부가 지자체에 권한과 예산을 넘겨주면 비수도권이 살아날까? 지금 초광역권을 찬성하는 사람들은 2006년에 최초의 특별자치도가 된 제주도의 지난 20년을 잘 분석하면 좋겠다. 출범 당시 2조 원대였던 제주도의 예산은 매년 늘어나 2025년에 7조 5천억 원 규모가 되었으니 3배 이상 재정이 늘어난 셈이다. 도지사의 권한도 강해졌다. 국제자유도시를 만든다는 명분으로 규제가 완화되고 기업에 대한 세금도 감면되고 특별개발우대사업과 제주투자진흥지구, 제주첨단과학기술단지, 공공기관 이전 등이 추진되었고 도지사가 이를 관할했다.

그 덕인지 제주도의 인구는 2006년 56만 명에서 2023년에 70만 명을 넘어섰다. 지역내총생산(GRDP) 규모도 2006년 약 7조 원에서 2024년 약 27조 원으로 늘어났다. 고용율도 2006년 60% 중반에서 2025년 70% 초반대로 올라갔고, 산업구조도 1차 산업과 영세 자영업에서 관광서비스업 중심으로 전환되었다.

겉모습만 보면 "실질적인 지방분권을 보장"해서 "도민의 복리 증진과 국가 발전에 이바지"한다는 특별법의 목적이 실현된 듯 보인다. 하지만 양적 팽창 이면에는 분명한 문제점들이 드러났다. 가장 큰 문제는 권한을 넘겨받은 제왕적 도지사를 민주적으로 견제하는 것이 사실상 불가능했다는 점이었다. 복잡한 이해관계를 가진, 거대 양당 중심의 지방의회가 그런 역할을 하기 어렵다는 점은 일찌감치 증명되었다. 최후의 보루라고 할 시민들의 견제도 2009년에 제주도지사 주민소환운동이 투표율 미달로 개표조차 못하면서 불가능해졌다. 영리병원,

제2공항, 휴양단지, 국제학교, 난개발 등이 계속 갈등을 일으킨 건 견제받지 않는 권력과 무관하지 않고, 이런 논란만큼 제주도 지방공무원들의 비위징계 비율도 높아졌다. 행정체계의 개혁이 동반되지 않아, 기초자치제가 폐지되지 않았더라도 주민자치가 강화되기는 어려웠다.

그리고 경제 규모는 커졌지만 삶의 질은 낮아졌다. 생태계 파괴로 농어업은 점점 더 어려워졌고, 관광서비스업 중심의 산업구조는 비정규직, 임시직만 늘려서 일자리의 질을 악화시켰다. 제주도의 비정규직 비율은 전국에서 가장 높은 편이고, 상용 근로자의 평균 월급도 전국 최저 수준으로 떨어졌다. 또한 인구가 늘어나면서 내부의 불균등 발전과 쓰레기 처리, 교통체증 같은 도시문제들도 심각해졌고, 그러면서 제주도를 떠나는 인구가 차츰 늘어나고 있다. 앞으로 만들어질 초광역권은 이런 문제들을 해결할 수 있을까?

악마의 맷돌만 돌리지 마라!

물론 제주도는 관광도시라는 특수성을 가지기에 그 사례를 다른 지자체에 무조건 적용하긴 어렵다. 그렇지만 특별자치도에 부여된 권한과 예산이 실제로 어떤 방향으로 활용되었고 어떤 결과를 낳았는지를 검토할 좋은 사례는 될 수 있다. 그러면 문제는 가설이 아니고 해결해야 할 구체적인 과제가 된다.

지난 20년의 경로를 검토하는 것은 추상적인 논쟁보다 상황을 구체적으로 점검하고 대안을 모색하는 방법일 수 있다. 우리가 하면 다르다는 식의 낡은 상투어 대신 실질적인 해법이 필요하다. 단체장과 관료들의 권한을 통제할 수 있는 구체적인 방안과 제도, 늘어날 예산을 첨단산업과 개발만이 아니라 1차 산업과 시민안전, 노동복지에 사용할 방법, 초광역권 내부의 불균등 발전과 도시문제를 해결할 수 있는 제도 개혁 방안들이 제시되어야 논의가 한 단계 더 발전하지 않을까. 새로운 시도는 환영하지만 부작용을 알고 있음에도 고치지 않는다면 그것이 무슨 정치인가. 충분한 시간을 들여 대안을 찾으면 다른 경로를 찾을 수 있는 주제들이, 지금은 너무 쉽게 소비되고 있다.

칼 폴라니는 블레이크의 시구를 인용해, 자본주의가 사회와 규범을 파괴하고 인간의 삶을 갈아 넣는 '악마의 맷돌'이라고 비판했다. 권한을 가져오고 예산만 따 오면 문제가 알아서 해결될 것처럼 환상만을 부추기며 주민들을 찬반의 소용돌이로 밀어 넣는 지금의 현수막 정치의 폐해도 그에 못지 않다.

(2026. 2. 9.)

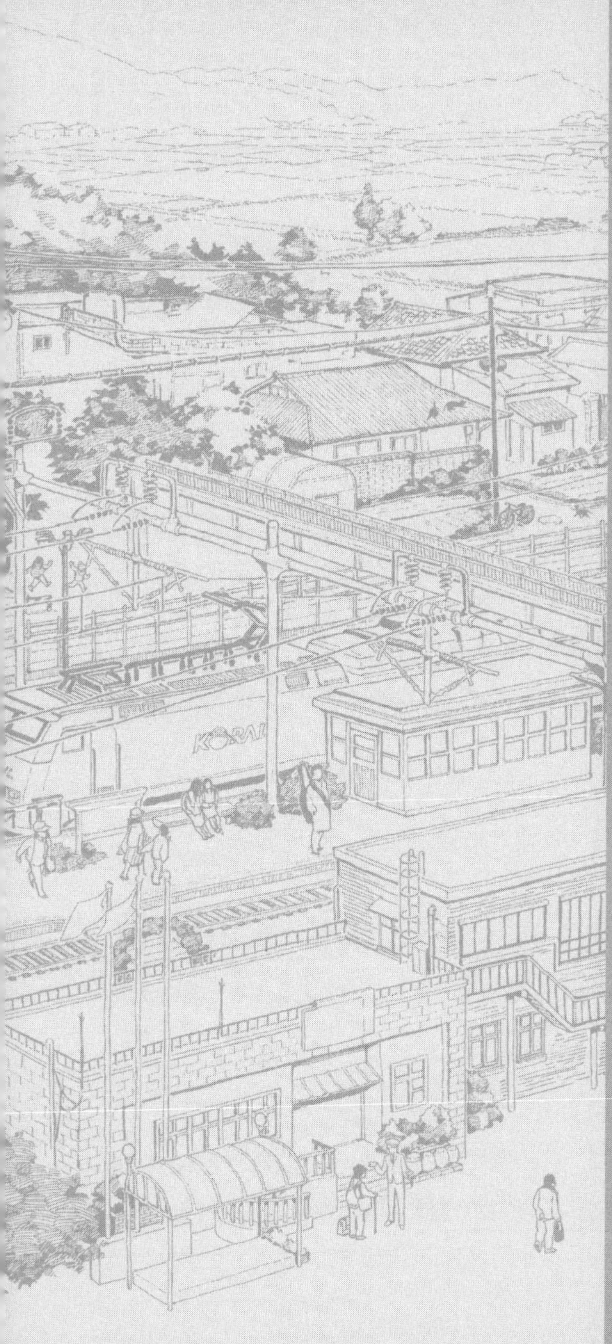

2부

기후 위기와 재난

불안의 개인화와 느린 재난

세월호 참사와 오송 지하차도 참사, 이태원 참사, 제주항공 여객기 참사 등의 사회적 참사를 경험하면서, 한국에서도 안전에 대한 관심이 높아졌다. 하지만 이런 관심이 새삼스러운 것은 아니다. 그 이전에도 성수대교와 삼풍백화점의 붕괴, 대구지하철 방화 사건과 같은 참사들이 계속 일어났기 때문이다. 한국의 제도는 재난의 예방이 아니라 재난 이후의 조치를 통해 발전해 왔다.

1995년 삼풍백화점이 붕괴한 뒤에 재난관리법이 만들어졌고, 2003년 대구지하철 참사를 겪으며 2004년에 재난안전법이 제정되었다. 그리고 2014년 세월호 참사를 거치며 재난안전법이 개정되었고, 2025년에는 생명안전기본법이 국회에 상정되어 있다. 제도는 피해자들에게 보상하는 차원에서 국가와 지방자치단체의 책임을 분명하게 밝히고 재난 대응 체계를 수립하는 방향으로 발전했다. 그리고 국회에 상정된 생명안전기본법은 모든 사람이 성별이나 종교, 국적, 인종, 세대, 지역, 사회적 신분이나 경제적 지위 등과 상관없이 일상과 노동현장 등에서 생명과 신체, 재산을 보호받고 안전하게 살 권리인 '안전권'을 분명하게 규정한다.

제도의 합리화에도 불안한 개인

이렇게 제도는 점점 더 발전하고 있지만 시민들의 인식은 그 발전과 일치하지 않는다. 2024년에 통계개발원이 공개한 자료에 따르면, 한국 사회가 '매우 안전'하거나 '비교적 안전'하다고 답한 시민들은 28.9%이다. 9.5%였던 2014년보다는 훨씬 높아졌지만 가장 높은 수치였던 2022년 33.3%보다 오히려 낮아졌다. '보통'이라고 답한 비율이 45.6%이고, '비교적 안전하지 않다'와 '매우 안전하지 않다'는 비율도 각각 21.9%와 3.7%나 된다. 더 따져 보면 남성보다 여성이, 2인 가구와 60세 이상이 더 안전하지 않다고 답했다. 시민들은 왜 불안할까?

가장 큰 원인은 안전권을 보장하는 주체인 국가나 지방자치단체에 대한 신뢰가 낮아서일 수 있다. 통계청이 발표한 '2024년 한국의 사회지표'를 보면 중앙정부에 대한 신뢰도는

44.4%, 지방자치단체에 대한 신뢰도는 55.3%로 나타났다. 그러니 시민들 절반은 중앙정부나 지방자치단체를 신뢰하지 않는다는 이야기이다. 정부를 신뢰하지 않으니, 제도가 합리화되어도 불안감이 사라지지 않는다.

그래서 시민들은 개인적인 해결책을 찾는다. 한국의 사보험 가입률은 이미 2019년에 가구 기준으로 98.2%, 개인의 경우 95.1%에 이르렀다. 보험연구원 자료에 따르면, 50대 여성의 1인당 평균 생명보험 가입 건수가 2.57건으로 가장 많다. 안전에 취약한 사람일수록 여러 개의 보험에 가입한다고 볼 수 있다.

하지만 한국의 갑작스런 참사들은 개인이 감당할 수 있는 규모로, 대비할 수 있는 방식으로 일어나지 않는다. 그리고 재난은 이미 우리 일상에 들어와 있다.

구조화한 재난

재난의 규모가 한국 내로 제한되지도 않는다. 우리는 이미 코로나19라는 전 지구적인 재난을 경험한 바 있다. 생태계 파괴로 인한 전염병 발생은 또 언제 우리를 덮칠지 모른다. 그리고 바닷물 온도가 높아지고 기후가 변하면서 늘어난 폭염과 혹한의 시간도 우리에게 고통을 준다. 이 역시 새삼스러운 재난은 아니다. 1960년대부터 생태계 파괴를 경고하는 목소리가 터져 나왔지만 우리는 귀를 기울이지 않았다.

사실 재난은 갑작스럽게 일어나지 않는다. '하인리히의 법칙'은 대형 사고가 터지기 전에는 반드시 여러 차례의 작은 사고와 징후들이 먼저 나타난다고 지적한다. 재난을 일회적인 사건으로 보지 않고 사고가 터지기 이전으로 거슬러 올라가, 그것의 사회적인 전개 과정을 파악해야 한다는 '느린 재난' 개념은 재난의 원인을 자연에서 사회로 전환시킨다.

'느린'이라는 표현이 마치 재난의 진행 속도가 느린 듯한 착각을 주지만, 그것은 장기화한 과정을 뜻하는 것이다. 그리고 재난은 이미 우리 속에 숨어 있다. 따라서 재난을 드러나게 만들어서 그것에 희생되어 온 사회적 약자들을 돌보고, 개인적인 해법이 아니라 사회적인 대응 방법을 찾아야 한다. 그러려면 우리는 지금 어떤 일이 일어나고 있는지부터 같이 살펴야 한다.

기후정의와 지역 간 불평등

기후정의는 온실가스 배출에 대한 책임이 사회계층별로 다르다는 점, 기후위기를 극복하는 과정에 모든 이해 당사자들의 동등하고 실질적인 참여를 보장해서 사회적·경제적·세대 간 평등을 보장해야 한다는 개념이다. 세계불평등연구실(World Inequality Lab)의 「기후변화와 탄소 배출의 전 세계적 불평등, 1990-2020(Climate change & the global inequality of carbon emission, 1990-2020)」 보고서는 세계 각국 부유층의 1인당 탄소 배출량이 지속적으로 증가한 반면, 하위 50%의 배출량은 1990년 이래 감소해 왔다고 지적한다. 즉 기후정의 관점으로 보면 지금 상황에 더 많은 책임을 져야 할 이들은 상위 10%이다.

정의롭지 못한 불균등 발전

기후정의의 관점에서 접근하면 한국의 상위 10% 이상의 소득집단과 수도권이 온실가스 배출량 감축에 더 많은 책임을 져야 하고, 한국의 공간 불평등이 기후위기에도 반영되어 있다고 볼 수 있다. 문제는 이런 불평등을 바로잡겠다는 균형 발전 전략이 그동안 별다른 성공을 거두지 못했다는 점이고, 기후위기를 고려했을 때 기존의 개발 중심 접근은 더더욱 성공하기 어렵다는 점이다. 지역 간 불균형을 바로잡으려는 노력은 필요하지만, 그것이 신도시나 대규모 개발사업 방식으로 추진되는 것은 더 이상 효과적일 수 없다.

그동안 중앙정부가 비수도권 지역에 국토 계획과 균형 발전을 명목으로 계속 추진했던 사업들은 철강, 석유화학, 정유, 시멘트, 자동차산업 등의 중공업이었다. 이런 산업들은 이제 탄소중립과 기후위기를 맞이해 대대적인 재편이 불가피한 상황이다. 즉 기존의 산업 기반도 기후위기 시대를 맞아 축소나 전환이 불가피한데, 이를 지방정부만의 힘으로 해결하기는 현실적으로 어렵다. 그런 점에서 지금의 불균형과 불평등을 바로잡는 방식은 대규모 신규 개발 방식보다 산업의 전환을 지원하고 주민의 생활 기반을 강화하는 것이어야 한다.

지금은 균형 발전이나 지역 소멸 대응에서 일자리만이 문제가 되고 있지만, 지방에서 이주를 택하는 사람들은 일자리만

이 아니라 교통과 교육을 중요한 원인으로 지적하고 있다. 즉 새로운 산업을 유치하는 것이 필요할 수 있지만, 공공교통을 중심으로 한 생활 기반과 교육 기반을 강화하는 것도 지역 소멸의 위기를 막는 중요한 계기가 될 수 있다. 인구가 줄어드는데 생활 기반 시설에 투자할 수 없다는 발상을 뒤집어, 생활 기반 시설에 투자해서 인구 감소를 막아야 한다. 인위적으로 고소득 일자리를 비수도권으로 이전하는 것이 불가능하다면, 고소득자의 사회적 책임성, 기후 책임성을 강화하고 이를 지역 강화 및 전환의 자원으로 활용해야 한다.

그리고 모든 이해 당사자들이 동등하고 실질적으로 참여하려면 중앙정부가 일방적으로 정책을 편성해서 지방정부에 위임하는 방식이 아니라, 지방정부가 주도하는 방식의 내발적 전략이 필요하다. 그렇지만 재정 분권의 관점에서 보면 지방정부의 주도는 사실상 불가능하다. 한국의 국세와 지방세 비중은 2020년 기준으로 73.7% 대 26.3%로 국세 비중이 높다. 지방정부들이 동등하고 평등하게 참여해서 불평등을 바로잡고 평등을 실현할 구조가 마련되어 있지 않은 셈이다.

기후정의의 관점으로 보면 그동안 수도권은 비수도권에 '정당한 지불'을 하지 않았다. 수도권은 에너지와 식량 같은 기본적인 재화만이 아니라 인력과 생태계까지 비수도권에서 흡수했다. 비수도권에 공장을 세워도 기업들의 본사가 대부분 서울에 있으니 지방의 산업이 흥해도 그 이익은 서울로 돌아간다. 본사가 없는 비수도권에서 만들어진 일자리는 거의 대부분이 비정규직으로 채워졌다. 그런 점에서 '균형 발전'이 아니라 '정당한 배분'이 필요하다.

도시와 농촌, 산업과 농업, 수도권과 비수도권의 격차를 바로 평등하게 만들 수는 없다면, 일단 가치의 위계 구조부터 바꿔야 한다. 자기가 태어난 지역에서 교육을 받고 일자리를 구해서 살아가는 사회, 농촌에서 농사를 짓는 것이 부끄러운 일이 아니라 존중받는 사회, 그런 사회를 만들어야 한다.

꿀벌은 정말 실종된 걸까

몇 년 전부터 꿀벌 실종에 관한 기사들이 심심찮게 눈에 띈다. 2022년 3월에는 꿀벌이 70억 마리 이상 사라졌다는 보도가 줄을 이었고, 2025년에도 꿀벌 실종이라는 키워드로 검색하면 매우 많은 기사들을 볼 수 있다. 매년 양봉 농가들이 큰 피해를 입었다는 소식이 들린다.

꿀벌이 줄어도 큰 피해 없다는 정부

우리 동네에서도 양봉 농가의 72%가 피해를 입었고, 개체수가 절반 정도로 줄었다는 농가도 있다. 꿀벌의 수가 줄어들면서 과채류를 재배하는 농가들도 꽃가루를 매개할 방법이 없어 어려움을 겪었다. 그럼에도 농림축산식품부는 지난 2월 20일

발표한 보도자료에서 "양봉 꿀벌 개체 감소가 생태계에 미치는 영향은 제한적이나, 정부는 피해의 조기 회복과 재발 방지에 적극 노력할 계획"이라는 기존 입장을 되풀이했다.

농식품부는 "방제제에 내성을 가진 응애가 전국적으로 확산되었으며, 방제 적기인 7월에 방제에 미흡했던 것이 주원인이었다"며 "일각에서 피해 원인으로 추정하는 기후변화는 이번 꿀벌 피해와 직접적인 연관성이 입증되지 않았다"고 발표했다. 그리고 "자연 생태계에서는 양봉 꿀벌이 아닌 나비, 야생벌 등에 의한 화분 매개 비중이 크기 때문"에 "꿀벌 피해로 인한 꿀벌의 개체 감소가 자연 생태계에 미치는 영향은 제한적일 것"이라고 전망했다.

그렇지만 꿀벌의 감소 현상은 한국만의 특별한 일이 아니다. 벌집군집붕괴현상(CCD)은 이미 전 세계적으로 발생하고 있다. 그래서 2017년부터 유엔은 매년 5월 20일을 '세계 꿀벌의 날'로 지정하고 꿀벌의 생태계를 보호하자는 캠페인을 벌이고 있다. 유엔 식량농업기구(FAO)는 보고서에서 전 세계 식량의 90%에 해당하는 약 100종의 농작물 중 71%가량의 화분을 벌이 매개한다고 분석하면서 나비, 나방, 파리도 화분을 매개하지만 벌이 가장 중요하다고 지적했다. 한국 정부의 말처럼 꿀벌의 감소가 자연 생태계에 미치는 영향이 제한적인데도 여러 국제기구들이 이렇게 호들갑을 떠는 것일까?

꿀벌의 개체수가 줄어든 이유는 해충인 응애만이 아니라 이상 기온으로 벌의 면역력이 떨어진 점, 심한 한파와 일교차, 벌에게 치명적인 네오니코티노이드계 살충제, 도시화로 인한 서식지의 감소 등 다양하다. 그렇지만 여러 이유들의 공통분모는 지구 생태계 파괴로 인한 기후변화이다. 직접적인 연관성에 대한 해석은 다를 수 있으나 간접적인 연관성이 매우 크다는 점은 분명하다. 그럼에도 정부가 그 연관성을 부인하는 건 기후위기에 적극적으로 대응하지 않으려는 현 정부의 입장 탓이 크다.

지난 3월 21일 정부가 발표한 탄소중립 기본계획은 온실가스 감축 목표가 애초보다 후퇴했고 합리적인 대책을 세우지도 못했다는 비판을 받고 있다. 그리고 2023년부터 실시되는 온실가스 감축 인지 예산제도에 따라 정부가 제출한 2023년도 예산안에 대해 국회예산정책처는 적절하지 않거나 연관성이 떨어지는 사업, 감축 효과가 불확실한 사업들을 포함시켰다고 지적했다. 이런 흐름을 보면 기후위기에 대응하려는 정부의 계획과 구체적인 사업들이 기후위기에 적응하거나 대응하기에 매우 부족하거나 불성실하다고 평가할 수 있다. 이런 상황에서 한국의 꿀벌은 과연 살아남을 수 있을까?

꿀벌 실종이 아니라 꿀벌 집단 폐사

정확하게 표현하면, 꿀벌은 실종된 것이 아니라 집단으로 죽임을 당하거나 죽음을 맞이한 것이다. 그러니 실종이란 표현은 틀린 것인데, 실종이라 표현하니 마치 때가 되면 돌아올 것 같고 인간의 책임은 없는 것처럼 들린다. 더구나 실종이라고 하니 그것에 대한 대처마저도 다분히 인간중심적이고 산업적인 방식으로 제시된다.

예를 들어, 정부는 온도와 습도를 스스로 조절하는 스마트 벌통을 개발하고 응애에 강한 슈퍼 꿀벌을 보급해서 문제를 해결하겠다는 계획을 세우고 있다. 위기를 맞이해서도 우리는 생명을 도구로 다루는 방법만 찾고 있는 셈이다.

그러나 지금 필요한 것은 꿀벌이 사라져도 우리는 끄떡없다는 '근자감(근거 없는 자신감)'이 아니라 기후위기에 빠르게 대응하는 실질적인 대책이다. 지난 2일 우리 지역에 산불이 크게 나서 진화에 투입된 헬기 소리가 하루 종일 끊이지 않았다. 전국 곳곳에서 산불 소식이 들렸고 인간만이 아니라 자연 생태계도 큰 피해를 입었다. 정부는 이것도 기후위기와 연관이 없다고 할 텐가? 땅에 머리를 박고 눈을 감는다고 위기가 사라지는 건 아니다. 생명이 스스로를 보호할 수 있는 시간은 얼마 남지 않았다.

(2023. 4. 4.)

정말 쌀이 문제인가

지난주에, "언제까지 밥심으로 살 거냐"고 묻는 어느 신문의 칼럼을 읽었다. 그 칼럼은 논에서 메탄가스가 발생하고 그 양이 항공산업에 맞먹으니 기후변화 대응을 위해 쌀 생산을 줄이자고 주장했다. 그리고 쌀 소비량이 줄어드니 생산량도 마땅히 줄여야 하는데, 그 조절을 시장에 맡겨 두지 않고 아직도 정부가 수매하고 있기 때문에 생산이 도무지 줄지 않는다는 비판도 덧붙였다.

쌀은 언제나 넉넉할 거라는 착각

'기후변화'보다 '양곡관리법 개정안'을 걱정하는 느낌을 그 칼럼에서 받았지만, 일단 쌀에 집중해 보자. 마치 쌀이 온실가스 배출의 주범처럼 얘기되지만 2021년 한국의 온실가스 배출량에서 농업 부문이 차지하는 비중은 3.1%이고, 농업 부문 중 벼농사 비중이 30% 정도이다. 그러니 벼농사가 전체 배출량에서 차지하는 비중은 1% 정도로 볼 수 있다. 반면에 한국에서 온실가스를 가장 많이 배출하는 산업 부문은 에너지 산업으로 전체의 86.9%를 차지한다. 정말 기후변화가 걱정된다면 에너지 부문의 온실가스 감축을 먼저 얘기해야 할 텐데, 아마도 그보다는 쌀과 농민이 만만했나 보다.

사실 기후변화도 심각한 위기이지만 한국은 식량도 위기이다. 2021년 한국의 곡물 자급률은 20.9%로 매년 하락하고 있고, 쌀 자급률도 84.6%로 하락세이다. 더구나 쌀을 제외하면 한국의 곡물 자급률은 11.4%로 떨어진다. 2024년에도 곡물 자급률은 22.2%에 그쳤다. 자급률이 절대적인 지표는 아니지만, 이런 상황에서 정말 쌀에서 멀어질 결심을 해야 할까?

물론 쌀 소비량이 줄어드는 건 사실이고, 주된 이유는 식습관의 변화이다. 지금의 육류와 가공품 중심의 식습관이 쌀의 소비량을 줄이고 있다.

그런데 현재의 식습관이 기후위기 시대에도 유지될 수 있고 그렇게 유지하는 것이 바람직할까? 육류 소비가 어려워지고 가공품에 사용되는 외국산 농산물 가격이 올라도 쌀의 소비량이 계속 줄어들까? 다가오는 식량위기에 대응하는 것이 정부의 역할이고, 그렇기 때문에 쌀 생산을 시장에 맡기지 않고 정부가 관리해야 하지 않을까?

양곡관리법 조문을 봐도 정부가 시장에 개입하는 목적은 양곡 부족으로 인한 수급 불안과 천재지변 등의 비상시에 대비하기 위해서이다. 그런데도 한 해 노동의 결과물인 쌀의 수매가 마치 농민에 대한 특혜처럼 다뤄지는 것이 현실이다.

2023년 2월 16일에 한국경제연구원이 발표한 '엥겔지수 국제비교 및 시사점'을 보면, 한국의 경우 주요 농산물을 대부분 수입에 의존해서 식량안보 수준이 낮고 글로벌 공급망에 충격이 발생할 경우 식품 물가가 불안정해질 것이라고 한다. 그리고 이렇게 식품 가격이 폭등해 엥겔지수가 높아지면 저소득층의 생계가 특히 어려워질 것이라 전망했다. 보수적인 민간 연구소조차도 농산물의 부족과 그것이 저소득층에게 미치는 부정적인 영향을 걱정하는데도 농산물의 수급을 시장에 맡겨야 할까? 그 칼럼을 쓴, 경제학을 전공한 학자의 시선이 현실의 얼개를 제대로 읽지 못할 뿐 아니라 근시안이다.

멀리 생각하지 말고 당장 10년 뒤라도 예상해 보자. 지난달 발표된 '2022년 농림어업조사 결과'에 따르면, 농가 인구는 216만 6천 명으로, 전년과 비교할 때 2.3% 감소했다. 65세 이상 인구 비율은 농가의 경우 49.8%로, 10년 뒤를 예상해 50세 이상 인구까지 포함하면 80%를 넘는다. 더 심각한 문제는 농업으로 먹고살기가 만만치 않다는 점이다. 농축산물 판매 금액이 1억 원 이상인 농가는 전체 농가의 3.8%에 불과하고, 1천만 원 미만 농가가 전체 농가의 65.1%이다. 나이 들고 가난한 사람들이 농업을 계속 유지할 수 있을까? 농사를 지으려는 사람들이 계속 일할 수 있도록 정부가 지원해도 시원찮을 판이다.

지도 없이 길을 찾아야 하는 시대

지난해에 여러 사람과 함께 번역한 책 『심층적응(*Deep Adaptation*)』에서 영국의 '멸종반란운동'을 주도해 온 저자들은 "기후위기 시대에는 지도 없이 길을 찾아야 한다"고 말한다. 인간이 기상이변에 무기력하듯이, 이미 알고 있는 정보와 지식들은 크게 쓸모가 없기 때문이다. 저자들은, 그 무엇도 확실하지 않은 시대를 살아가야 하니 기존의 지도에 의지하지 말고, 산업자본주의에서 잊혀졌던 생활·생산 방식의 의미를 재발견하고 공동체의 지혜를 모으며 미래에 대해 사람들과 진지한 대화를 나누자고 주장한다. 그러니 진짜 문제는 쌀이 아니라 근시안적인 시각이다. 아랫돌 빼서 윗돌 괴는 식의 접근은 그만하자.

(2023. 5. 20.)

유가족 요구에 귀 기울여야 하는 이유

지난 2월 7일 부산지방법원 형사5부는 스텔라데이지호를 소유했던 기업 대표에게 금고 3년을 선고했다. 재판부는 노후 선박을 관리하지 않아 인명을 희생시킨 업무상 과실치사, 업무상 과실선박매몰 혐의를 대표에게 적용했다. 재판부가 회사의 책임을 물었음에도 재판을 방청했던 지인의 말에 따르면 유가족들은 기뻐하지 않았고 재판 후 항의 기자회견을 열었다.

진상 규명보다 보상이 앞서는 나라

유조선을 개조해 화물선으로 쓰던 스텔라데이지호는 2017년 3월 31일 남미 우루과이 인근에서 갑자기 침몰했고, 24명의 선원 중 22명이 사망했다. 회사 실소유주인 폴라리스쉬핑은 사고

즉시 인근 해역 국가들에 구조 요청을 하지 않았고 12시간이 지난 뒤에야 한국 정부에 통보했다. 배는 침몰해 바닷속 깊이 가라앉았고, 선원들은 구조의 골든타임을 놓치고 목숨을 잃었다.

합리적인 사회라면 기업이 가장 먼저 할 일은 침몰의 이유와 선원들의 시신이라도 찾을 방법을 가족들에게 설명하는 것이다. 그런데 사고를 일으킨 기업은 하나같이 사고 책임을 회피하며 진상 규명보다 보상을 먼저 거론한다. 그러면 한 명당 얼마를 받았나, 받을 것인가에 사회의 관심이 집중되어, 진실을 규명하려는 노력은 더 많은 보상을 받으려는 버티기로 매도당한다.

회사와의 합의를 거부한 가족들의 진실 규명 활동이 지금까지 힘겹게 이어졌고, 작년 12월에야 부산지방해양안전심판원은 기업의 관리 소홀이 사고의 원인이라고 선고했다. 침몰의 원인을 밝히는 데만 7년이 걸린 셈이다. 기업은 협조는커녕 진실을 은폐하려 노력했고, 생업을 포기한 가족들의 절망적인 싸움이 이만큼의 진전을 가져왔다. 그 와중에 유가족들이 얼마나 많은 상처를 받았을지 우리가 짐작이나 할 수 있을까?

유가족들은 재판부에 제출한 탄원서에서 “책임져야 할 자들이 합당한 처벌을 받는 것만이 억울한 죽음을 맞이한 스텔라데이지호 선원들의 넋을 위로할 수 있는 유일한 길”이라고 적었다. 사건의 관련자들이 받아야 할 합당한 형량은 얼마일까?

이것은 재판부나 유가족들만이 아니라 우리 사회가 함께 생각해 볼 일이다. 그래야 여전히 진상이 규명되지 않은 많은 참사들에서, 앞으로 발생할지 모를 참사들에서 우리가 벗어날 수 있다. 값싼 노후선의 개조, 비용 절감을 위한 불량 부품 사용과 문제 방치, 배의 이상 징후를 인지했음에도 무리한 운항 강행 등이 스텔라데이지호만의 특별한 조건은 아니기 때문이다. 그러니 끊이지 않는 사회적 참사에 대한 판결을 더 이상 재판부에만 맡길 수는 없다.

책임보다 자리만 살피는 정부

사실 기업이 회피하는 진상을 규명해야 할 일차적인 책임은 정부에 있다. 대한민국 헌법 제34조 제6항은 "국가는 재해를 예방하고 그 위험으로부터 국민을 보호하기 위하여 노력하여야 한다"고 규정한다. 그러나 한국 정부는 사고 발생 이후 신속한 대응도, 유가족과의 충분한 정보 공유와 설명도, 진상을 파악하기 위한 조사와 시신의 수습에도 실패했다. 심지어 기업에 합당한 책임을 물어 유가족의 상처를 달래는 데도 실패했다.

스텔라데이지호의 침몰은 뜻밖에 일어난 사고가 아니라 더 많은 이윤을 위해 노동자들을 사지로 내몬 참사였다. 즉 인간이 만든 재난이고, 그렇기에 참사는 지금도 일어나고 있다. 그럼에도 정부는 왜 기업처럼 책임을 회피할까?

2023년 5월 30일에 경제정의실천시민연합은 2016년부터 2022년 6월까지 농림축산식품부와 해양수산부의 퇴직 공직자들 10명 중 8명이 산하 공공기관이나 기업의 요직을 차지했다고 비판했다. 이러니 서로 뒤를 봐 주는 비리가 사라지지 않고, 그 비리의 피해는 시민들이 입는다.

중앙해양안전심판원의 '2022년 해양 사고 통계'를 보면 여러 참사들을 겪으면서도 사고는 줄어들지 않고 있다. 절반 이상의 해양 사고가 어선에서 발생하지만, 사고 발생 수를 등록 선박 수로 나눈 사고 발생률을 보면 여객선이 가장 높고(21.74%), 화물선(21.68%), 유조선(12.0%) 등의 순이다. 즉 대형 사고가 날 수 있는 선박들이 지금도 제대로 관리되지 않고 있다.

하지만 끔찍한 참사에 주목하는 사람은 드물고 유가족의 싸움은 쉽게 잊혀진다. 스텔라데이지호는 우루과이 인근 남대서양에서 침몰했고, 재판은 부산에서 진행되니 시민들은 모르고 지나가기 쉽다. 그러나 시야에 참사가 들어오는 바로 그 순간에 우리의 삶은 송두리째 부서질 것이다. 유가족의 요구가 우리의 안전을 힘겹게 지키고 있는 셈이다. 유가족을 외롭게 방치하지 말자.

(2024. 2. 12.)

지하로 가는 정치

이틀 뒤면 제22대 총선의 결과가 나온다. 선거 이후의 풍경은 어떨까? 사람들이 기대하는 한 편의 복수극이 시작될까? 서로를 심판하겠다던 거대 양당은 어떤 공방을 이어 갈까? 관전 지점은 많겠지만 내 관심은 복수와 심판보다 이번 선거에서 그들이 내건 비슷한 공약의 흐름이다. 대표적인 것이 경부선을 비롯한 전국의 철도와 고속(간선)도로를 '지하화'하겠다는 공약이다.

여야가 한통속인 지하화 계획

국민의힘은 경부선 철도와 경인전철, 주요 고속(간선)도로를 지하화해서 지상 공간을 적극적으로 개발하겠다는 공약을 '교통·인프라 격차 해소'의 첫 번째 정책으로 제안했다. 2025년까지 주요 도시의 도심을 지나는 철도와 도로를 지하화하되 지하화 비용을 지상의 개발 수익으로 충당하겠다는 구상이다. 더불어민주당도 철도와 GTX, 도시철도의 도심 구간, 서울의 내부 순환로 등을 예외 없이 지하화한다는 공약을 '민생을 촘촘히 챙기겠습니다'의 32번째 공약으로 제안했다. 관련 공약의 내용은 국민의힘의 그것과 큰 차이가 없다.

그런데 지하화는 앞으로 하겠다는 공약이 아니다. 2024년 1월 9일 '철도 지하화 및 철도 부지 통합 개발에 관한 특별법안'이 257명의 찬성으로 국회 본회의에서 이미 통과되었다. 이 법이 2025년 1월 31일부터 시행될 예정이니, 철도와 관련된 지하화 계획은 이미 진행 중이다. 거대 양당의 입장이 같으니 계획은 그만큼 빨리 진행될 것이고, 서울의 간선도로들이 이미 지하화 공사 중이니 전국의 도시들이 서울을 따라갈 것이다.

그런데 지하화가 어떤 격차를 해소하고 누구의 민생을 챙기는지 심도 깊은 논의가 있었던가? 국회의원 87%가 찬성한 이 특별법은 총 21조로 구성되는데, 민간자본을 유치하기 위해 규제를 완화하고 철도 부지를 개발하는 내용이 주이고 지하화 과정에서 발생할 사고나 위험, 시민의 안전에 관한 조항은 없다. 개발이란 단어는 빼곡히 등장하지만 안전이란 단어는 눈을 씻고 찾아봐도 없다. 물론 시행령으로 구체화되는 과정을 봐야 하겠지만 안전을 진지하게 다룰 가능성은 낮다. 바로 다음주가 세월호 참사 10주기임에도 한국 정치는 한 치도 바뀌지 않았다.

쾌적한 생활 여건을 조성하고 노후화한 도심 지역을 재정비하며 교통 정체를 해소한다는 명분을 내걸고 있지만, 민간자본으로 개발해서 지하화 비용을 충당한다는 계획은 토지 가격 상승과 투기, 대규모 재개발이라는 익숙한 수순을 밟을 것이다. 소수의 대기업과 지주들에게는 큰 이득이겠지만 대중교통 이용객이나 시민들에게는 엄청난 불편과 위험이 될 것이다.

개발 정치의 그늘

이 기후위기 시대에 개발과 물량, 속도 중심의 계획이 타당한가라고 묻지 않을 수 없다. 지금 필요한 것은 지하화가 아니라 공공교통 시설의 확충과 정비인데 한국 정치는 정확히 반대 방향으로 가고 있다.

정책의 실수나 실패 같지는 않다. 어쩌면 국회는 계산기를 꼼꼼하게 두드렸을 것이다. 『뉴스타파』의 보도에 따르면, 21대 총선 후보자들의 최근 5년간 종합부동산세 납부자 비율이 18.4%였는데, 22대 총선에서는 더 올라가 납부자 비율이 무려 27%이다. 우리가 드라마 같은 심판을 관전하는 동안, 이익을 추구하는 자들은 축제를 열고 생태계는 돌이킬 수 없는 상태로 파괴될지 모른다.

(2024. 4. 8.)

부실 정부 대한민국

2023년 7월 15일 오전, 연일 내린 폭우로 하천이 범람하고 제방이 무너져 지하차도가 물에 잠겼다. 이 사고로 버스 승객을 포함해 14명이 사망하고 16명이 부상을 입었다. 충청북도에서 벌어진 오송 지하차도 참사는 갑자기 쏟아진 비로 일어난 사고가 아니라, 며칠 동안 많은 비가 내리고 홍수 경보가 이미 발령된 상황에서 발생한 사고이다. 올여름에도 많은 비가 내릴 거라 예고되는데, 정부는 참사의 원인을 규명하고 제대로 대책을 세우고 있을까?

지난 4월 24일 오송 참사 시민진상조사위원회는 넉 달 동안의 조사를 거쳐 보고서를 발표했다. 보고서에선 가장 먼저 정부 조사의 한계가 지적됐다. 기본적으로 정부 조사는 당시

제방이 붕괴된 현상에만 집중하고 관련 담당자들의 행적과 조치, 감시·감독 권한만을 따진다. 그래서 기관의 책임은 "제대로 조치를 취하지 않았다"는 정도로 축소되고, 관련자들의 위법 행위를 따져 법적인 책임을 묻는 것으로 결론이 내려진다. 그러나 이런 결론으로는 실질적인 대책이 마련되기 어렵다.

시민진상조사위원회는 정부 조사의 한계를 넘어 참사가 발생한 원인을 체계적으로 밝히려 노력했다. 지하차도 침수와 관련된 충북도나 청주시의 예방 대책, 매뉴얼, 순찰 확인 과정, 침수 기준을 점검했고, 당일 대응의 문제점과 행정의 실패, 피해자 지원의 문제점까지 꼼꼼하게 살폈다.

왜 참사는 반복되는가

보고서를 살펴보면 대다수 참사에서 반복되는 세 가지 문제점이 드러난다. 먼저, 예방 차원에서 금강유역청, 행복청, 충북도청, 청주시청 중 어느 한 기관이라도 하천이나 지하차도를 제대로 관리하고 통제했다면 참사를 예방하거나 규모를 줄일 수 있었다. 몇 시간 전에라도 보수 작업을 했다면 제방이 무너지지 않을 수 있었고, 미리 차량을 통제했다면 사고는 발생하지 않을 수 있었다. 하지만 행정기관은 기준을 잘 세우지도, 점검을 제대로 하지도 않고, 서로의 권한만 따지고 책임을 미뤄서 사고를 막을 기회를 놓쳤다.

둘째, 참사가 일어나기 몇 시간 전부터 접수된 시민들의 신고와 소방대원들의 보고에 민감하게 대응했더라면, 그래서 제방이 무너지고 지하차도가 침수되기까지의 30분을 정부가 제대로 썼다면 어땠을까? 재난대책본부나 상황실 같은 기구가 중요한 게 아니라 평상시에 사고를 대비한 훈련을 하며 일상적인 대응 체계를 만들어야 하는데, 그런 과정이 없었다. 시민들은 중앙정부와 광역지자체, 기초지자체, 경찰서, 소방서 같은 기관들이 촘촘히 연결되어 있으리라 기대하지만 전혀 그렇지 않다. 곳곳에서 소통은 끊어지고 서로 대응을 미룬다. 골든타임을 관리할 컨트롤타워는 문서에만 존재하고 현실에는 없다.

셋째, 사고가 발생한 후에도 정부의 부실한 대응은 계속 이어진다. 구급차가 오갈 경로가 확보되지 않아 응급실 이송이 지체되었다. 생존자들은 도움을 받기는커녕 각 기관의 반복되는 조사에 시달렸고 심지어 응급실 진료비까지 내고 각자 귀가했다. 버스에 함께 탔던 동료의 안위에 대해 아무도 알려 주지 않아서 환자복을 입은 채 현장으로 되돌아가기도 했다. 겨우 살아남은 생존자들은 그 이후에도 알아서 살아남아야 했다. 유가족들 역시 경찰이나 소방, 행정 그 어느 쪽에서도 정보를 제대로 받지 못했고, 현장과 병원을 뛰어다니며 직접 확인해야 했다. 언론사를 위한 브리핑은 있었지만 유가족을 위한 브리핑은 없었고, 수사나 조사 과정에서도 유가족은 배제되었다. 그러다가 여론의 관심이 진상 규명보다 보상으로 쏠리면 정부는 슬그머니 발을 뺀다.

구사일생의 사회

이처럼 참사의 예방과 대응, 사후 관리 그 어디에서도 정부의 역할과 책임은 보이지 않는다. 그러니 참사 때마다 반복되는 요구가 진상 규명, 책임자 처벌, 재발 방지 대책이다. 그런데 진상 규명마저 시민의 손에 맡길 만큼 정부는 부실하다.

이태원 참사 생존자와 유가족들의 증언을 기록한 『우리 지금 이태원이야』에서도 똑같은 상황이 반복된다. 작가 기록단이 강조했던 "안전 컨트롤타워의 기능 강화, 사람 · 인권 · 피해자 중심의 지원, 의사결정 과정에 피해자 참여, 재난 원인 조사의 독립성 보장"은 여전히 요구 사항이다. 이태원 참사 특별법이 어렵게 국회를 통과했지만 정부에 대한 기대감은 커지지 않는다.

참사의 관점으로 보면 한국은 '각자도생'의 사회일 뿐만 아니라 '구사일생'의 사회이다. 부실 정부를 어떻게 정리해야 안전한 사회가 될까.

(2024. 5. 6.)

이 폐허를 응시하자

2024년 말 비상계엄 사태 이후 많은 시민이 피로에 시달리고 있다. 언제 나올지 모를 헌법재판소의 결정을 기다리며 마음은 지쳐 가고, 거리 집회에 계속 나가는 몸도 피곤하다. 그 와중에 무서운 기세로 경북 동북부 지역을 태운 산불은 시민들의 속까지 검게 태웠다. 사회 재난과 자연 재난을 함께 겪고 있는 한국 사회는 위태롭다.

나라 밖의 상황도 만만치 않다. 트럼프의 등장으로 국제 정치와 경제 모두 뒤흔들리고 있는데, 우리는 협상의 파트너조차 정하지 못했다. 경색된 남북한 관계 역시 나아질 기미가 보이지 않고, 갑작스러운 혐중 정서가 한·중 관계에 어떤 영향을 미칠지도 예측하기 어렵다. 이렇게 나라 안팎에서 위험 신호가 강해지고 있는데 실마리를 찾아야 할 정치는 정쟁의 늪에 빠진 느낌이다.

재난과 엘리트 패닉

리베카 솔닛은 『이 폐허를 응시하라』라는 책에서, 재난이 그 사회의 건강함과 정의로움, 회복력의 정도를 드러낸다고 본다. 일시적이나마 재난은 피해자들을 개인적인 삶에서 공적이고 집단적인 삶으로 인도하는 사건이고, 시민들이 부족한 자원을 서로 나누고 도우며 공동체적인 삶을 회복하는 시간을 만든다. 그래서 솔닛은 "재난은 지옥을 관통해 도달하는 낙원"이라 말한다.

물론 이것은 함께 재난을 겪는 구성원들이 적극적으로 공동체를 재건하려 할 때의 이야기이다. 그러지 않을 경우 약탈과 폭력이 발생하기 쉬운데, 특히 공포와 영웅심에 사로잡힌 엘리트들이 낯선 타자를 폭력으로 밀어내며 재난을 비극으로 몰고 간다. 솔닛은 이를 '엘리트 패닉'이라 이름 붙이고 그 요소를 "사회적 무질서에 대한 두려움, 빈민과 소수자와 이민자에 대한 두려움, 약탈과 경제범죄에 대한 강박관념, 치명적인 무력에 기대려는 마음, 헛소문에 기초한 행동"이라고 분석한다. 재난을 심화시키고 재난의 복구도 지연시키는 위험한 인물들은, 가진 것 없는 사람들이 아니라 힘을 가진 엘리트들이다.

한국의 상황도 다르지 않다. 재난을 겪으며 적극적으로 연대하고 공동체를 회복하려는 시민들이 여기저기에서 등장했다. 반면 비상계엄 사태 이후 군대와 경찰, 중앙정부의 태도를 보면 이전과 달라진 변화를 찾아볼 수 없다. 국회의 국정조사 과정에서 나오는 당위적인 답변을 제외하면 군대의 민주적인 변화는 체감할 수 없다. 계엄에 일조했던 경찰 역시 변하지 않았고 오히려 질서를 내세워 자의적으로 물리력을 행사하고 있다. 비상계엄, 제주항공 참사, 경북 지역의 산불 같은 사건들을 겪으면서도 중앙 행정부처들은 여전히 일방적으로 정책 결정을 내리고 사업을 강행하고 있다.

확산되는 패닉 막아야

이런 상황에서 더 큰 재난과 혼란이 닥쳐오면 한국의 엘리트들이 패닉에 빠지지 않을 수 있을까? 민주적인 통제를 받지 않는 정부 조직의 엘리트들이 느끼는 불안감은 공동체의 건강함과 정의로움을 회복하는 방향보다 패닉으로 발전하기 쉽다. 그렇게 질서와 사유재산 보호를 내세워 소수자나 약자를 억압하고 정확하지 않은 정보에 기대어 공권력을 남용할 경우 공동체로의 회복은 어려워지고 혼란은 폭력으로 이어질 것이다.

더욱더 난감한 점은 엘리트들의 패닉이 대중에게 확산되고 있다는 점이다. 편을 나눠 상대를 비난하고 부정확한 정보에 기대어 정치적인 입장이 다르다는 이유로 서로를 적대시한다. 이런 과잉 반응은 대통령 탄핵 같은 정치적인 사안만이 아니라 산불 같은 자연 재난으로까지 확산되고 있다.

확산되는 패닉을 막을 방법은 있을까? 피로에 지치다 보니 빨리 이 상황에서 벗어나 일상으로 돌아가려는 조급함이 생긴다. 그래서 자꾸 문제를 단순화하고 하나의 원인으로 환원시킨다. 윤석열만 없어지면, 특정한 사람이나 조직이 사라지면 문제가 해결되리라 여기고, 그것에 동의하지 않는 사람들을 악마화하거나 조롱거리로 만든다. 폭력과 대항 폭력의 악순환을 부르기 쉬운 이런 태도에서 벗어나려는 노력이 필요하다.

그리고 패닉의 대중적인 전파를 막으려면 패닉에 빠진 엘리트들부터 통제해야 한다. 엘리트들의 권력을 약화시키며 공권력을 민주적으로 통제할 방법이 구체적으로 제시되어야 한다. 재난에 대한 책임을 엘리트들에게 묻고 구체적인 개선안을 찾아야 한다. 여기에는 개헌처럼 큰 이야기도 필요하지만, 공동체를 회복하려는 시민들이 민주적으로 권력을 행사할 수 있는 다양한 장치들에 관한 논의도 필요하다. 우리는 이 폐허를 매섭게 노려보며 하나씩 그 방법을 찾아야 한다.

(2025. 3. 31.)

에너지 민주주의의 방정식을 새로 짜자

내가 살고 있는 충청북도 옥천군에는 모두 350개가량의 송전탑이 있고, 1975년에 세워진 변전소도 하나 있다. 변전소가 있는 면에는 송전탑 149개가 집중되어 있어서 주민들의 불만이 많다. 정부와 한국전력은 송전탑이 안전하다고 주장하지만 선거 때마다 송전탑을 이전해 달라는 요구가 나온다. 전자파가 인체에 영향을 주지 않는다는 '과학적'인 설명과 실제로 동네에 암 환자가 늘어나는 불안한 현실 사이에는 타협점이 없기 때문이다.

성장에 짓밟힌 에너지 민주주의

전국에 세워진 크고 작은 송전탑이 이미 4만 개. 그럼에도 송전량이 많고 송전 과정에서 손실이 적다는 이유로 새로 세워지는 765kV 초고압 송전탑이 늘어나고 있다. 경제성장을 위해 여전히 많은 전력이 필요하고, 발전소가 새로 생기는 만큼 주요 소비처로 전기를 보내는 송전탑 수와 규모도 늘어난다.

예를 들어 정부는 경기 용인시에 세계 최대 규모의 시스템 반도체 산업단지를 만든다는 계획을 세웠다. 반도체를 생산하려면 많은 양의 물과 전기가 필요한데, 이미 전체 전력량의 4분의 1을 소비하고 있는 수도권에서 더 많은 전력을 충당할 방법은 무엇일까? 정부는 특별법을 제정해 산업단지 내에 액화천연가스 발전소 6기를 만들고 나머지는 동해안과 호남의 발전소에서 전기를 끌어온다는 계획을 세우고 있다. 이를 위한 '국가전력고속도로(ETX)'가 서해안 바다 밑과 강원도를 지나 수도권으로 이어지는 육상에 건설될 예정이다. 정부는 산업단지의 빠른 건설과 운영을 위해 송전선로를 만드는 기간을 단축한다는 계획까지 세우고 있다.

따라서 초고압 송전탑을 둘러싼 갈등도 더욱더 늘어날 수밖에 없다. 갈등이라고 말하면 이해관계의 충돌 같지만, 실제로 현실에서는 대부분이 기본적인 민주주의가 무시된 결과 빚어지는 일이다. 보통 초고압 송전탑 건설 사업은 지역 주민들에게 아무런 정보도 제공하지 않은 채 계획되고 진행되기 때문이다. 그래서 뒤늦게야 소식을 접한 주민들이 선택할 수 있는 건 투쟁 아니면 보상 수용밖에 없다.

법에 따르면 주민들 의견을 충분히 반영해서 계획을 세워야 하는데, 현실에서는 일방적인 설명회나 공청회조차 제대로 열리지 않는다. 적절한 보상은 필요하지만, 반대를 무마하기 위한 특별 지원은 주민들의 삶을 개선하기는커녕 공동체를 파괴한다. 우리는 10년 전 밀양의 송전탑 반대 농성장을 강제 철거했던 행정대집행 과정에서, 민주주의가 참혹하게 짓밟히는 것을 이미 목격했다. 그럼에도 정부와 한국전력의 태도는 그 후 조금도 바뀌지 않았다.

우리가 상식적인 사회에 살고 있다면 반도체 공장을 계획할 때 그 공장을 만들고 운영할 에너지와 자원부터 합리적으로 계산할 것이다. 만약 송전탑이 꼭 필요하다면 인구가 적고 노령 인구가 많아 주민 반대가 약할 것 같은 지역을 골라 선로를 짓는 방식이 아니라, 송전탑 수와 주민 희생을 가급적 줄일 수 있는 방식으로 계획할 것이다. 그러나 우리는 지금도 경제성장을 위해 속도전을 벌이는 사회에 살고 있고, 그에 따른 피해는 힘이 약한 지역과 생명에 집중된다.

민주적인 방정식부터 세우자

다수를 위해 양보하자고 하지만, 최대 다수의 최대 행복은 이익을 추구하는 공리주의이지 민주주의가 아니다. 민주주의는 다수를 위해 희생당하는 소수의 목소리를 듣고 그것을 결정에 반영하는 정치 질서이다. 에너지 민주주의 관점으로 보면, 이제는 전력을 많이 쓰는 수도권에 발전소를 더 많이 지어 송전탑을 줄여 달라는 요구가 정당하다.

지난달 우리집 전기요금은 기본요금 1,000원이었다. 지붕에 설치한 4kW 태양광 발전기 덕분에 필요한 전력을 쓰고도 남아서 다음 달로 잉여량이 이월되었다. 요즘 날이 맑아 발전량이 많았던 덕이다. 반면에 흐린 날이 많은 달에는 외부 전기를 써야 하니 자급과 연계의 기술이 함께 필요하다.

전력 체계를 잘 만드는 것은 사회의 중요한 과제이고, 이 체계는 민주적이어야 한다. 민주주의의 기본은 관련 정보를 시민들에게 충실히 공개하고 함께 체계를 만드는 것이다. 그리고 기본적인 필요 전력을 지역 내에서 생산해서 에너지 자립도를 높이고 지역 간 전력을 민주적으로 연계할 계획을 세워야 한다. 기후위기 시대에는 전력의 생산과 소비에 대한 책임도 더 커져야 한다.

그동안 한국 사회는 전력 생산량을 높여 경제를 성장시킨다는 일차방정식만 추구했다. 하지만 이제는 방정식이 달라지고 복잡해져야 하고, 그만큼 해법도 다양해져야 한다. 정부가 못 하면 시민들이 나서야 한다.

(2024. 6. 3.)

사람에게는 얼마만큼의 에너지가 필요한가

지난 식목일에 열린 '체제 전환 충북포럼'에 토론자로 초대를 받아 참석했다. 보통 중요한 토론회나 포럼은 서울 등 수도권에서만 열리는데 지역에서도 그런 자리가 마련되어 기쁜 마음으로 참여했다. 같은 충청북도라도 내가 사는 곳에서 한 시간이나 차를 타야 하고, 대중교통 노선이 턱없이 부족해 참여하는 다른 분의 차를 얻어 타야 했지만 에너지를 쓸 만한 자리였다.

성장의 에너지가 무한한가

포럼의 발표자와 토론자들은 '전환'이란 주제를 충북의 과거, 현재와 연관 지어 다뤘고 미래를 바꾸기 위해 지금부터 노력해야 할 과제들을 정리했다. 나는 지방 소멸 담론의 허상을 지적하는 분과의 토론자였지만 산업과 에너지 전환을 주장하는 분과에도 참석했다. 정부가 주도하고 대기업과 초국적 자본이 이득을 챙기는 지금의 산업 전환 방식이 아니라 노동자와 지역민이 주도하고 공공 재생에너지를 확대해야 한다는 주장에 공감했다.

나는 지방 소멸과 에너지 전환이 서로 다른 주제라고 생각하지 않는다. 에너지 개념을 전력이나 동력원에서 더 넓게 확장하면, 에너지는 활동에 필요한 능력이나 자원을 뜻한다. 지방 소멸이라 부르면 마치 지방이 저절로 사라지는 것 같지만, 실제로는 수도권이 지방을 체계적으로 착취하며 고사시켜 왔다. 지금이라도 중앙으로 계속 빨려 들어가고 있는 경제·정치·문화의 에너지가 분산되면, 지방은 다른 활로를 찾을 수 있다고 믿는다.

따라서 전환의 대안이 시급히 필요한데, 지금은 그 내용이 지역의 정체성과 별 상관도 없는 산업과 발전 이데올로기로 채워지고 있다. 충청권 메가시티나 대충특별시(대전충남특별시) 같은 기괴한 기획이 등장하는 것도 그 때문이다.

여러 미사여구를 빼고 살펴보면, 이미 지역 내의 소중심인 중대 도시들을 거점화하여 수도권을 따라잡겠다는 발상이다. (이미 다른 광역지자체들의 전략에서도 비슷하게 언급되는) 수소와 디스플레이, 바이오산업을 유치하고 발전시키면 충청권이 정말 수도권을 따라잡고 인구를 늘릴 수 있을까? 그 전략의 성공 가능성은 알 수 없고, 전국 어디에 만들어도(심지어 외국에 만들어도) 될 산업단지들이 정말 그 지역의 정체성과 활력을 살릴 토대가 될지도 의문이다.

더구나 기후위기로 인해 에너지 전환이 시급해졌지만 더욱 더 근본적인 문제는 화석연료의 고갈이다. 피크 오일(석유 정점)은 이미 현실화했고, 석유는 전력과 동력을 공급하는 연료일 뿐 아니라 일상에서 사용되는 수많은 화학물질의 재료이다.

그런 점에서 화석연료의 사용을 줄인다는 것은 단순히 에너지원과 발전소의 교체만을 뜻하지 않는다. 석유를 원료로 하는 플라스틱을 비롯한 각종 합성수지와 합성섬유, 생활필수품 등은 획기적인 대체 물질을 찾지 못하는 이상 지금처럼 대량으로 생산되고 소비되기가 어렵다. 그런데도 광역자치단체장들이나 향후 5년을 책임질 대통령 후보들은, 조금씩 형태는 다르지만, 여전히 성장과 발전의 판타지를 주장하고 있다.

그래도 충북포럼에서는 '정의로운 전환'이나 '지역 정의' 같은 개념들이 등장했다. 그런데 그 정의가 지향하는 바는 무엇이어야 할까? 더 나은 삶은 현재의 조건에서 그 무엇도 놓치지 않는 삶일까? 이제 더 이상 대량 생산, 대량 소비의 체제를 유지할 수 없다면 우리는 무엇부터 포기해야 할까? 무엇을 더 나눌 것인가에 관한 합의가 필요하지만, 이제는 무엇을 포기할 것인가에 관한 합의도 우리에게 필요하다.

톨스토이가 다시 묻는다면

19세기 말 러시아의 작가 톨스토이는 '사람에게는 얼마만큼의 땅이 필요한가'라는 단편소설에서 인간의 자연스러운 욕망에 의문을 던졌다. 해가 뜰 때 출발해 해 질 녘에 돌아온 만큼의 땅을 싸게 살 수 있다는 욕망에 주인공은 몸을 혹사시키다 돌아오자마자 지쳐서 숨을 거둔다. 결국 그가 차지한 땅은 자신이 묻힌 작은 땅이었다.

톨스토이 시대의 대표적인 생산 수단이자 욕망의 대상이 땅이었다면 우리 시대의 욕망은 에너지다. 작품에서는 악마가 농부의 욕망을 자극하지만 우리 시대에는 자본주의가 우리의 표준화된 욕망을 자극하며 남들보다 더 많이 쓰고 더 다양하게 누려야 좋은 삶이라고 유혹한다. 하지만 그렇게 즐기려 할수록 에너지는 더 빨리 고갈되고 지역은 파괴될 것이다.

우리에게 필요한 에너지는 정말 얼마만큼일까?

(2025. 4. 28.)

재난은 전환의 기회가 될 수 있을까

문명 전환기의 지역과 지역학

기후위기, 기술 과잉, 초고령 사회라는 감당하기 어려운 무거운 주제들을 받고, 부족하지만 최근의 고민들을 짧게 정리하려 한다. 가장 근본적인 고민은 경제성장을 지상 과제로 삼은 산업문명이 한계에 봉착했고 그로 인해 불거진 재난들이 잦아지는 상황에서, 지역이 과연 전환의 기회가 될 수 있는가라는 물음이다. 결론부터 말하면 그럴 가능성은 있지만, 한국에서는 그 가능성이 희박하다고 생각한다. 왜냐하면 압축 성장의 그늘과 문제점을 진지하게 성찰하는 분위기보다는 여전히 메가서울, 메가시티와 같은 '선택과 집중'의 전략이 중요하게 다뤄지기 때문이다. 지역과 다양성이 논의되지만, 실제 현실에서는 '따라잡기'와 '복제'의 힘이 훨씬 더 크다.

서울시 성북구에서 오랫동안 관심을 가져 온 지역과 지역학은 의미가 있고 진지하게 다뤄야 할 주제이다. 나 역시 지역의 가능성을 보고 오랫동안 자치와 자급의 힘을 강화할 방안을 찾기 위해 고민해 왔다. 그렇지만 회복과 재생에 대한 공동체적인 믿음을 넘어 다수를 설득하고 전환을 선택할 수 있는 용기와 힘을 만들기까지는 넘어야 할 장애물이 여전히 많은 것 같다.

물론 가능성을 포기할 수는 없다. 우연은 갑작스레 찾아오니까. 그렇다면 우연을 기회로 만들 준비가 필요한데, 어떤 준비가 가장 중요할까? 준비는 문제에 대한 진단에서부터 시작하기에, 진단에 대해 먼저 이야기하려 한다.

진단 : 문제에 대한 확인

최근의 지역과 로컬에 대한 논의를 따라가며 답답함을 느꼈던 부분은 장소성과 다양성, 회복력 등의 긍정적인 성격을 부각하는 것에 비해, 그것의 실현을 가로막는 현실적인 장애물들에 대한 분석과 대응이 부족하다는 지점이다. 마치 한편에서는 병원, 상점 등의 필요 시설 부족으로 지방 소멸이 얘기되는데, 다른 한편에서는 지역의 문제를 창의적, 혁신적으로 해결하는 로컬 크리에이터가 마치 대안처럼 얘기된다고 할까. 여러 위기를 고려해 자원의 동원을 신중하게 조절해야 할 시기에 대

규모 자원을 투입하는 메가시티 전략이 얘기되는 것도 마찬가지다.

경쟁력을 위해 서울을 더 키워야 한다는 주장과 균형 발전을 위해 비수도권에도 서울과 같은 중심을 만들어야 한다는 주장은 한국에서 낯선 이야기가 아니다. 경제성장이라는 목표를 위해 정부가 대규모 자원을 기획·투자하고 이를 바탕으로 글로벌 경쟁에서 일정한 위치나 우위를 점해야 한다는 주장은 계속 반복되어 왔다. 그리고 바로 이런 전략이 기후위기와 기술의 선택적 과잉, 불평등으로 인한 인구구조의 붕괴를 불렀다고 생각한다.

기후위기는 산업문명의 이득이 소수에게 집중되고 피해가 다수에게 전가되는 현상이 문제이고, 기술 과잉이란 것도 기술의 편리성이 소수에게만 이득이 되고 위험성이 다수에게 전가되는 현상이 문제이다. 초고령화도 그것이 위협으로 느껴지는 건 사회 시스템을 지탱해 줄 토대가 위태로워지는 것이기 때문이다. 이 성장의 서사 구조와 불평등 구조를 바꾸지 않고서는 사회의 전환이 어렵다.

물론 그동안 한국 사회에서 이런 고민들이 없지는 않았다. 성장이 아닌 다른 가치 지표를 찾고, 정부가 아니라 지역이 주도해서 그런 지표를 실현할 힘을 만들어, 경쟁보다 순환 공존하는 체계를 만들어야 한다는 주장 또한 계속 있었다. 다만 그

것이 현실의 운동으로 작은 성공들을 거두어 왔지만, 사회의 전환을 이루지는 못했다고 본다.

그러면서 지금 목격하는 현상은 대안적인 가치와 언어조차도 성장 담론에 포획되어 관료주의라는 깔때기를 거치면 획일화, 서열화되어 버리는 기묘한 상황이다. 마을, 공동체, 대안경제, 공유지 같은 가치와 언어들은 계속 사용되고 있지만, 그 전환적 성격은 약화되고 기존 사회의 보완적 성격이 강화되고 있다.

그런 성격 변화에는 관료주의의 영향력이 크다고 생각한다. 한국 관료주의의 특성이라 할 도구적 합리성과 목표 달성을 위한 공학적 접근, 선택적 자원 동원, 반(反)정치성이 이런 대안적 가치/언어에도 지속적인 영향을 미치고 있다. 그러다 보니 대안마저도 획일화, 서열화되는 상황을 자주 목격하고, 그것이 내부의 경쟁을 초래하면서 애초의 가치를 잃어버리기도 한다.

재난의 시대에 지역이 대안이 되려면 다양성이 반드시 필요한데, 지금은 다양성조차 일종의 '해법'으로 제한되어 버린다.

사례에 빠지지 않기

우리는 왜 사례를 보고 듣고 싶어 할까? 한국 사회는 좀 과하다 싶을 정도로 사례에 집착한다. 어느 곳이 주목을 받으면 그곳을 돌아보는 것이 일종의 코스가 되고, 외국 사례도 주목을 받으면 그곳 관계자들이 힘들어 할 정도로 많은 사람들이 그곳을 방문한다. 왜 그럴까? 백문(百聞)이 불여일견(不如一見)이라는 말을 믿어서일까?

사례를 보고 찾아온 사람들은 그 사례의 전도사가 되어 여기저기서 많은 얘기들을 한다. 그런데 정말 모든 사례를 그렇게 논할 만할까? 내 경험상 하루 현장을 들른 사람들은 견학 정도이고, 보름 정도 지긋하게 눌러 있어도 그곳의 역사나 사회 조건, 문화적인 특징 등을 잘 모르면 보고 싶은 것만 보게 된다. (반대로 생각하면 된다. 어떤 지역을 알아보겠다는 사람이 하루 돌고 난 뒤에 그 지역을 잘 아는 것처럼 얘기하면 어떻겠는가?) 그래서 나는 직접 가서 보고 듣는 것도 필요하지만, 잘 정리된 연구들을 보는 게 때로는 훨씬 낫다고 생각하는 편이다. 꼭 가서 직접 눈으로 보고 싶은 곳도 있을 수 있지만, 지금까지 그렇게 마음을 흔든 사례는 없다.

그럼에도 왜 우리는 사례를 보려 할까? 뭔가를 빨리 만들어 내고 싶은 욕망이 사례를 보게 만들 수 있다. 우리도 빨리 저런 걸 만들고 싶다, 우리 지역도 빨리 저렇게 변하면 좋겠다. 그러니 가서 어떻게 되었는지를 듣고 빨리 그 방식을 우리 삶에 적용하고 싶어진다. 직접 보고 와서 얘기하면 주변 사람들을 설득하기도 쉽다. 내 눈으로 봤다, 그런데도 못 믿나, 이런 식이다.

그런데 이럴 경우 사례와의 만남은 우리를 억압한다. 내 옆의 사람과 손을 잡고 그를 신뢰하는 게 아니라, 어떤 틀을 만들고 사람과 관계를 그 속에 밀어 넣게 된다. 잘 안 되면 그 탓은 틀이 아니라 내 옆의 사람에게 돌아간다. 이렇게 되면 사례는 성공의 지름길이 아니라 실패의 지름길이 된다.

그렇다고 사례를 보면 안 된다는 얘기를 하고 싶은 것은 아니다. 사례를 보려는 목적이 분명해야 한다. 적어도 내가 누구인지를 분명하게 알고 있으면 그 사례에서 내가 필요한 부분을 취할 수 있다. 보통 '나'는 '나'이니까 '나'를 매우 잘 안다고 생각한다. 하지만 우리는 타자의 얼굴에 비친 내 모습을 통해 자기를 알아 간다. 어쩌면 사례의 진정한 의미는 따라가고픈 그 모습이 아니라 그것에 비친 내 모습일 수 있다. 우리가 만남을 가지는 이유는 타자에게 종속되기 위해서가 아니라 자유로워지기 위해서이다. 사례에 들뜨거나 사례에 휘둘리지 않으려면 사례를 보는 자신의 모습을, 우리 지역부터 잘 살펴야 한다.

그리고 사례를 본다는 것의 의미는 그냥 들어보는 게 아니라 그렇게 할 '의지'를 확인하는 과정이다. "좋은 얘기 잘 들었습니다"로 그치지 않고 그 사례가 실제 내 삶에서 의미를 가지려면 나의 준비를 확인해야 한다. 다른 지역의 특수한 사례로 여기지 말고 우리 지역 내에 그런 특수성을 접목할 수 있도록 노력할 준비가 되어 있어야 한다. 나와 우리는 어떤 힘을 얼마나 모을 수 있을까?

마지막으로, 사례를 볼 때에는 그 맥락을 조심스레 살펴야 한다. 우리는 어떤 방식이나 제도를 금방 수입하고 만드는데, 그러다 보면 그것의 정신이나 문화를 무시하게 된다. 외국의 좋은 제도들이 한국에 들어오면 다들 이상해지는 건 바로 이 때문이다. 어떤 제도를 성공하게 하는 건 탁월한 리더십의 역할도 있지만 전체 사회의 정치, 경제, 사회, 문화적인 구조의 영향도 크다. 우리는 사례를 볼 때 사람이나 사회적 기업, 협동조합만 보는데, 보이지 않는 구조들도 고려해야 한다.

이처럼 자신을 돌아보는 성찰, 뭔가 변화를 도모하려는 의지, 맥락을 읽는 눈이 없다면 사례를 봐도 아니 봄만 못하다. 이를 전제하고서 사례를 보자.

준비 : 우연을 가능성으로

서두에서 밝혔지만 나는 한국 사회의 전환 가능성에 대해 비관적이다. 그렇지만 우연과 사건이 언제든 등장할 수 있으므로, '준비'가 필요하다고 생각한다. 그 준비는 앞서 했던 진단과 무관하지 않을 것이다.

사실 나는 기후위기, 기술 과잉, 초고령화가 어떤 지점에서는 사회 전환을 초래할 수밖에 없는 계기라고 생각한다. 다만 그 전환의 방향이 문제인데, 기후위기가 불러올 재난이 이미 돌이킬 수 없는 것이라면, 그 재난이 초래할 상황에 대한 대비가 필요할 것이다. 그런 대비에 지역이 어떤 역할을 할 수 있을까? 한재각은 『기후정의』에서 "기본적 필요를 넘어서 더 많은 소비를 위한 부의 (재)분배를 희망하며 이를 가능하도록 경제성장을 추구하는 정책에 (암묵적으로나마) 동의해 온 관행과 결별하는 것"이 필요하다고 강조한다. 특히 탈성장과 좋은 삶에 대한 진지한 접근이 필요하다고 하는데, 나는 이 주장에 동의한다. 나아가 좋은 삶에 대한 더 구체적이고 풍부한 논의가 필요하다고 본다. 좋은 삶과 그것을 가능케 할 공동의 토대에 대한 논의가 현실적으로 발전되어야 한다고 생각한다. 그래야 선택지를 만들 수 있다.

그런 점에서 국가의 관리 대상으로서의 고령(인구)에 대한 문제의식에서 벗어날 필요도 있다. "농촌에서는 일흔 살도 청년"이라는 말은 고령화의 그늘을 묘사하는 부정적인 말로 사용되지만, 달리 보면 일흔 살의 주민도 여전히 마을의 주체라는 의미이기도 하다. '고령=무기력, 복지 수혜층'이라는 도식은 다분히 국가 중심적인 시각이다. 다양성은 각자의 쓸모를 찾아가는 사회를 요구한다. 국가가 미래를 담보로 현재의 희생을 요구한다면, 지역은 현재의 행복을 바탕으로 미래의 가능성을 열어야 한다고 생각한다.

사실 인구 감소보다 1인 가구의 증가가 사회 시스템에 훨씬 더 큰 영향을 미칠 수 있다. 서울시의 경우 1인 가구 비율이 2000년 16.3%였다면 2020년 34.9%로 증가했다. 2050년이 되면 고령 1인 가구의 비율이 41.1%를 차지할 것이란 전망도 나오고 있다. 지금의 주거 형태와 공공서비스 체계는 1인 가구가 절반을 차지하는 시대에 적응될 수 있을까?

그런 적응을 이야기할 때 가장 먼저 등장할 것이 권력화된 통제 장치로서의 기술이라고 생각한다. 박승일은 『기계, 권력, 사회』에서 물리적인 환경만이 아니라 개인의 정신적인 능력과 활동까지 관리하는 '이중 관리 사회'에 저항하려면 "현재의 우리가 어떤 합리성의 원칙으로, 어떤 메커니즘과 프로세스를 통해, 어떻게 통치되고 있는지를 정확히 알 필요가 있다"고 본다. 기술 과잉의 반대는 기술을 쓰지 않는 사회가 아니라, 과잉의 이유와 방향을 통제하고 기술의 다양성을 보장하는 사회이다.

제임스 스콧은 『국가처럼 보기』에서 '메티스'라는 개념을 통해 "변화하는 상황에 부단한 적응을 요구하는, 비슷하지만 똑같지 않은 과업을 오랫동안 수행할 때에만 얻어지는 지식", "지역적이고도 상황적인 지식"이 중요하다고 강조한다. 이런 메티스가 활성화되려면 무엇이 필요할까? 메티스의 중요성을 강조하는 것만이 아니라 그 중요성을 약화시켰던 반대의 지식, 강력하고 찬란한 진보를 확신했던 하이 모더니즘을 이해하고 해체하는 것이 중요하다.

그런 점에서 나는 크게 세 가지가 중요하다고 본다.

첫째, 포획된 가치/언어의 탈환이 필요하고, 그러기 위해서는 어떤 '상징과 의식(儀式)'이 필요하다. 지역'학'이 집중해야 할 영역이 이 부분이 아닐까 싶다. 그곳이 어떤 장소라는 것에 대한 논의는 있지만 그 장소'를 통해' 그 가치와 언어를 체화할 수 있어야 한다. 그런 점에서 상징과 의식이 중요하다. 사회가 유지되려면 기본적인 공통감각이 필요한데 그 감각을 회복하기 위해서 우리는 어떤 상징과 의식을 거쳐야 할까? 그 장소에 도달하기까지 서로를 알아볼 수 있고 신뢰할 수 있는 의식은 무엇일까? 장소가 정체성과 공통감각을 체화시킬 수 있는 의식은 무엇일까? 이광석은 『포스트디지털』에서 "인간 신체에 체화된 한 사회의 기술 정서"를 '기술 감각'이라 부른다. 물리적으로 확장된 지역의 공간에서 기술은 관계 밀도를 높이는 데 어떤 역할을 할 수 있을까?

둘째, 관료주의를 깨뜨릴 비판의 무기들을 벼려야 한다고 생각한다. 한국의 관료주의는 도구적 합리성과 목표 달성을 위한 공학적 접근, 권위주의적인 선택적 자원 동원, 반(反)정치성이라는 특성을 가지고 있다. 메티스는 관료주의에 효과적으로 대응할 수 있을까? '생활 세계의 식민화'라는 개념을 굳이 얘기하지 않더라도 이미 시민사회의 많은 부분이 관료화되었다는 점에 동의할 사람이 많다. 관료주의를 통제할 정치는 전혀 작동하지 않고 있다. 역설이지만 그래서 더욱더 정치의 불씨를 살리는 과정이 중요하고 필요하다. 비합리적인 것을 선택하거나 목표를 포기할 결단, 느리고 수다스러운 공론장, 민주적인 자원 배분과 재조직 등이 정치의 역할과 무관하지 않기 때문이다. 그래서 정치 제도만이 아니라 정치 문화의 변화가 중요하다고 생각한다. 그 과정에서 지역은 어떤 역할을 맡을 수 있을까? 예를 들면, 지역정당 자체가 아니라 그것이 가능하기 위한 조건과 변화의 지점들을 드러내야 한다고 생각한다.

셋째, 획일화/서열화에서 벗어나 각각의 고유한 존재를 인정해야 할 뿐 아니라 기록 이후의 존재에 관심을 가져야 한다. 기록을 통해 재현된 존재는 정지된 물체가 아니고, 지역 역시 재현을 통해 계속 변화한다고 생각한다. 그 변화가 어디로 향할지 우리는 알 수 없다. 그런 점에서 지역학은 답을 내놓을 수 있을까? 지역은 정말 답일까? 그렇지만 존재는 끊임없이 변화하고 생명은 꿈틀거릴 수밖에 없고, 모든 존재는 생로병사의 과정을 밟는다고 생각한다. 좋은 것이 부패할 수 있고 부패한 것에서 좋은 것이 생성될 수 있다. 작년에 다른 사람들과 함께 번역했던 『심층적응』이라는 책에서 가장 받아들이기 곤혹스러웠던 부분은, "붕괴는 피할 수 없다", "길을 찾는 지도는 없다는 점을 받아들이라"는 주장이었다. 생성하고 사라지고 부패하는 대안의 다양성이 필요하다고 생각한다.

지금 시대에는 기술 감각의 조절과 생태 감각의 회복이 기후위기와 기술 과잉, 초고령화 대응에 매우 중요하다고 본다. 답을 내려놓아야 질문이 좀 더 분명하게 인식되고 더 풍부하게 논의될 수 있다고 생각한다. 내게는 답이 없다.

(제3회 성북학 컨퍼런스 발제문, 2023. 11. 30.)

3부

정치의 자리

인기 없는 민주주의

어느 순간부터 한국 사회에서 민주주의는 매력 없는 말이 되어버렸다. 한때는 '타는 목마름으로' 외쳤던 민주주의가 왜 이렇게 되었을까? 민주주의가 실현되면 좋은 사회가 오리란 기대가 무너졌기 때문일까? 사실 이상과 현실의 격차가 크다고는 하지만 지금의 현실은 좀 참혹하기까지 하다. 민주화 이후 심각한 사회 불평등과 극한으로 치달은 경쟁, 타인에 대한 불편함을 참지 않으려는 혐오까지 한국 사회는 계속 낭떠러지를 향해 달리고 있다.

역사가 이보 전진을 위해 일보 후퇴한다 했는데, 정작 지금은 일보 전진하고 이보 후퇴하는 느낌이다. 윤석열 정부의 등장 이후 노동, 복지, 에너지, 교육 등 거의 모든 영역에서 주요한 의제가 후퇴했다. 그리고 국회 다수당인 더불어민주당이 보이는 모습도 실망스럽긴 마찬가지이다. 특정 정치인이나 정당의 문제로만 보기엔 그 후퇴의 속도가 빠르고 범위도 넓다. 이런 상황에서 민주주의는 다시 대안이 될 수 있을까?

부자가 되기 위한 정치

1997년 외환위기를 겪은 뒤 한국 사회는 '부자'라는 말에서 부정적인 의미를 걷어 내고 오히려 능력과 안정의 의미를 부여했다. 2002년에 "여러분, 부자 되세요, 꼭이요"를 외쳤던 카드 광고가 엄청나게 유행한 건 우연이 아니다. 어떤 수단을 쓰더라도 부자가 되면 안정된 지위를 보장받을 수 있는 사회에서, 민주주의는 거추장스러운 짐이 된다. 기업에서나 쓰던 '재테크'라는 말을 누구나 쉽게 쓰게 되었고, '갭투자(전세를 끼고 주택을 구매하는 것)'라는 말도 자연스레 사용된다.

2022년에 나온 국제금융협회의 세계 부채 모니터 보고서에서 한국은 34개국 중 국내총생산(GDP) 대비 가계 부채 비율이 가장 높은 나라로 꼽혔다. 가계 부채 비율은 102.2%로 일년 동안 벌어들인 소득으로 가계 빚을 갚지 못하는 전 세계에서 유일한 나라가 된 것이다. (이 통계에서 빠진 전세 보증금까지 더하면 한국의 가계 부채 비율은 더욱더 높아진다.)

그리고 국제결제은행(BIS)이 발표한 2022년 가계 부문의 총부채 원리금 상환 비율(DSR)에 따르면, 한국은 호주(14.7%)에 이은 2위로 13.6%를 기록했다. 또 채무자의 연간 소득에서 금융 부채의 원리금을 상환하는 비중은 계속 증가했고, 주택 담보 대출의 경우 상환 비율이 2022년 3분기 기준 60.6%에 달했다. 즉 소득의 60% 이상을 대출금 상환에 써야 한다는 의미이다. 국내 은행의 총이익에서 이자 수익이 차지하는 비중이 80% 이상이고, 가계 대출은 은행의 좋은 먹잇감이다. 그럼에도 우리는 은행을 통제하는 것보다 부자가 되기 위해 빚을 내서라도 '영끌(영혼을 끌어 모아 투자)'하는 것을 선호한다.

부동산 투자만이 아니다. 한국예탁결제원에 따르면, 2024년 연말 기준으로 국내 상장사의 주식을 보유한 국내 개인 투자자가 1천410만 명이다. 그러니 주가 지수에 따라 정치적인 지지의 방향이 휘청거린다. 모두가 부자가 될 수는 없는데도 부자를 만들어 주겠다는 정치는 힘이 세다.

민주주의를 위한 참여?

부자라는 매혹에만 민주주의가 위축된 것은 아니다. 한국에서는 민중이 권력을 실제로 행사할 수 있는 과정이 거의 없다. 시민 참여라는 말도 알맹이 없는 형식으로 변해 버린 상황에서, 민주주의에 관심을 가진 사람들은 무기력해지고, 아예 관심 없는 사람들은 냉소만 보낸다. 술자리에서는 최고 권력자의 치부를 안주 삼지만, 정작 현실에선 약한 권력조차 견제하지 못하는 시민사회, 모두가 각자도생하며 고단한 노동과 불안한 재테크에 몰두하도록 강요당하는 사회가 지금의 우리 모습이다.

국가 차원에서 어렵다면 다른 차원에서라도 우리가 주권과 동의를 행사할 수 있는 공간이 있어야 하는데, 학교, 직장, 마을, 그 어디에서도 잘 보이지 않는다. 민주주의는 정치라는 저수지에서 성장하는데, 저수지의 물은 거의 말라 버렸다. 경쟁에 내몰려 타자를 마주 보지 않고, 공간들이 사유화되면서, 정치가 활성화될 수 있는 장소들은 계속 사라지고 있다.

한때 협동조합을 비롯한 사회적 경제가 활성화되면 민주주의의 토대가 다져지리라 믿었건만 현실은 그렇지 않다. 민주주의의 경험이 확산되고 강화되는 것보다 그런 영역이 기업화되고 관료화되는 현상이 더 빈번하다.

거대한 관료 조직이 민주주의의 가장 강력한 적이 될 것이라는 주장은 수많은 학자들이 했던 주장이다. 한국처럼 관료와 군인, 엘리트주의자들이 합작해 관료적 권위주의를 실행한 나라에서는 더욱더 그렇다. 하지만 그 주장에 비해 관료 조직에 대한 세밀한 분석은 드물고, 그것을 통제해 본 실제 경험은 더더욱 적다. 그냥 '우리'가 권력을 잡으면 공무원들을 수족처럼 부릴 수 있을 것으로 생각했는데, 현실은 반대인 경우가 더 많다.

그러다 보니 추첨이 대안으로 얘기되기도 한다. 고대 아테네처럼 추첨으로 공무원을 뽑는다면 바뀔까? 추첨에 의한 공무원 선출이 중요한 계기이지만 행정이 정치를 대신하는 상황에서는 전혀 민주적이지 않을 수 있다. 추첨을 통해 선출된 평범한 시민들이 사회의 공공성을 강화시키는 방향으로 결정을 내릴 수 있어야, 그러기 위한 충분한 정보와 토론을 거쳐야 그 취지가 살아날 수 있다.

그런 점에서 언제, 어디에서나 통용될 수 있는 진짜 민주주의란 존재하지 않는다. 그것은 가짜에 대립하는 이상으로 존재할 뿐 구체적인 내용이 비어 있다. 민중이란 단어가 비어 있어 누구라도 그 자리에 들어올 수 있어야 하듯이, 민주주의라는 개념도 비어 있으므로 끊임없이 채워져야 한다. 누군가가 채우려고 나서지 않으면 민주주의는 빈껍데기가 되어 악용될 수밖에 없다.

그동안 시험과 경쟁이 아닌 다른 방식으로 자원과 지위를 분배할 방식을 고민하지 않았듯이, 선거가 아닌 다른 과정의 민주주의에 대한 고민은 아직 한국 사회에서 구체화되지 못했다. 그래서 "이것이 민주주의"라는 선언보다는, 타자를 마주할 수 있는 다양한 정치의 장소들을 찾고, 민중의 이름을 빌리는 정치가 아니라 민중의 존재를 드러내는 정치를 활성화하며, 민주주의의 내용을 채워 가는 과정이 필요하다. 왜 그런 어렵고 불편한 과정을 밟아야 하는가? 불확실의 시대에 시민으로 살아남으려면, 정치적으로 살아 있으려면, 우리의 운명을 스스로 통제하려면, 이 방법밖에 없기 때문이다.

민주주의의 자리

얼마 전 동네에서 열린 토론회에 참석했다. 아는 사람들이 얼마나 왔나 둘러보는데, 군수가 눈에 들어왔다. 오, 군수도 토론회에 참여하는구나, 좋은 일이라 생각했다. 하지만 간단한 인사말이 끝나고 토론회가 시작할 무렵 군수는 자리에서 일어섰고, 자리를 뜨는 군수 때문에 참석자들은 미리 사진을 찍으러 우르르 무대 앞으로 나가야 했다.

무슨 바쁜 일정이 있었나 싶어 군청 홈페이지에서 군수의 일정을 찾아보니 토론회 참석은 공식 일정이 아니었고 다음 일정은 몇 시간 뒤였다. '식량위기 시대에 먹거리 기본권을 보장할 방법'을 찾는 중요한 토론회가 왜 공식 일정에 들어가지 않았을까. 공식 일정이 아닌데도 토론회에 참석한 것을 긍정적으로 보아야 할까, 아니면 다음 일정까지 시간이 있는데도 먼저 자리를 뜬 걸 나무라야 할까. 왜 우리는 이런 풍경을 익숙하게 받아들이게 되었을까?

현장을 방문할 뿐 지키지 않는 정치

토론회나 행사에서 이런 장면을 목격한 건 한두 번이 아니다. 국회에서 열린 행사에서도 국회의원들은 시작하기 전에 인사말을 하고 좋은 자리에서 사진만 찍고 자리를 뜨곤 했다. 중요한 결정을 내려야 할 사람들은 그와 관련된 논의에 빠지고, 보좌관들이 자리를 지켰다. 국회가 진정 대의기관이려면 잘 들어야 하는데 권력을 가진 이들은 현장을 잠깐 방문할 뿐 그곳을 지키지 않는다.

그런데 그곳을 지켜야만 알 수 있는 어려운 사정들이 있다. 왜 혼자서 일하는 것이 위험한지, 위험한 화학물질을 어떻게 관리하고 안전 담당자를 어디에, 어떻게 배치해야 하는지, 사고 상황을 정확하게 이해하려면 누구를 만나 어떤 정보를 얻어야 하는지, 긴급하게 대응하려면 누가 권한을 가져야 하는지 등등. 만약 권력을 가진 사람들이 현장에 있었다면, 우리는 많은 산업재해나 사고와 재난, 참사를 막고 조금 더 민주적이고 효능감 있는 결정 과정을 만들 수 있었을 것이다.

이태원 참사 이후 중요한 권력을 가진 사람들은 모르쇠로 외면하다 문제가 조금씩 드러나자 일제히 현장을 질타하기 시작했다. 그러나 정말 현장이 문제였을까? 뒤로 이동해 달라고 소리치며 동분서주했던 경찰관이 문제였을까? 여기저기서 심폐소생술을 도왔던 시민들이 문제였을까? 참사를 수습하려고 정신없이 뛰어다녔던 사람들이 초분 단위로 자신의 결백을 증명해야 할 판이다.

언론의 카메라 앞에서만 사과를 기계적으로 반복하는 권력은 어떠한가? 무려 156명이나 목숨을 잃은 대형 참사인데, 서울경찰청장은 오후 11시를 지나 보고를 받았고 경찰청장은 자정을 넘어서야 보고를 받았다. 행정안전부 장관은 오후 11시 20분에야 보고를 받았다. 오후 6시 34분부터 시민들의 신고 전화가 접수되었는데, 국가의 안전 체계는 10시를 넘어서야 굼뜨게 가동되기 시작했다. 우리가 지금 봉화를 피우는 시대에 살고 있는 건가.

2022년 5월, 윤석열 정부는 110대 국정 과제를 발표하며 국민의 안전과 건강을 최우선으로 챙기겠다고 밝혔다. 선진화된 재난 안전 관리 체계를 구축하고 국민의 일상이 안전한 생활환경을 조성하겠다고 말이다. 그 약속은 대체 어디로 갔나? 이태원 참사 이후에 나온 대책이란 것도 디지털, 스마트라는 단어만 붙였을 뿐 시민의 불안을 없애 주지 못한다.

지금 한국 민주주의의 문제는 현장에서 멀리 떨어진 사람들이 더 많은 권력을 가지면서, 현장과 결정권 사이의 거리가 너무 멀어졌다는 사실에 있다. 그래서 문제가 확인되어도 이를 바로잡을 힘이 현장에 없다. 행정 체계를 믿지도 않고 스스로 돌파구를 만들지도 못하는 시민들은, 운이 좋아 살아남았다는 말을 뼈저리게 느낄 뿐이다.

민주주의의 자리는 현장이다

그 옛날 아테네가 스파르타에 대승을 거뒀던 아르기누사이 해전을 이끈 장군들은 이후 민회에 소환되어 재판을 받았다. 폭풍이 몰아치는 바다에서 동료 시민들을 구하지 않고 승리감에 도취해 적을 쫓았다는 이유로 장군들은 사형을 당했다. 이 사건은 뛰어난 장수들을 처형한 중우 정치의 사례로 얘기되지만, 민주주의하에서 권력이 누구에게 있는지를 분명하게 보여준 사건이기도 했다.

지금 한국 사회가 과연 민주주의라고 말할 수 있을까? 인사말만 하고 사진만 찍고 사라지는 정치인이 없는 사회, 위험이 바로 보고되고 원칙을 벗어난 위험 요인을 현장에서 바로잡을 수 있는 사회에서 비로소 민주주의는 단단히 뿌리를 내릴 수 있다. 슬퍼하면서도 우리는 민주주의의 자리를 만들어야 한다.

(2022. 11. 8.)

장을 안 보는 사람들의 정치

며칠 전 장을 보러 가서 오이를 집었다가 가격을 보고 그냥 내려놓았다. 달랑 오이 두 개의 가격이 4천 원을 넘겼고 애호박 가격도 비슷했다. 과일은 집지도 못하고 가격표만 훑고 지나갔다. 농촌에 사는지라 어지간하면 농산물 가격을 따지지 않는 편인데 지금 가격은 마음의 선을 넘었다. 농산물만 그럴까. 라면이나 과자, 옷과 신발 같은 공산품 가격도 많이 올랐다. 예전에는 1만 원짜리 몇 장 들고 장을 봤는데, 이젠 5만 원권 들고도 마음이 불안하다.

당해 소비자물가지수를 전년도 물가지수와 비교한 소비자물가상승률을 보면 2021년 2.5%, 2022년 5.1%, 2023년 3.6%로 물가는 계속 오름세를 보이고 있다. 그중에서 서민 생활과 밀접한 식료품과 수도, 전기 및 연료, 음식 및 숙박비, 교통비의 증가율이 높다. 소비자물가 조사 대상 품목들 중에서 자주 구입하는 140여 개 생필품의 가격 변동을 나타내는 생활물가상승률도 소비자물가상승률과 마찬가지로 2012년 이후 안정적으로 유지되다가 2022년 6.0%까지 올랐고 2023년에도 3.9%를 기록했다. 계절의 영향을 받는 농산물이나 국제 유가 변동의 영향을 받는 석유류를 제외한 물가를 나타내는 근원인플레이션율도 2000년대 들어 2% 안팎으로 유지되다 2022년 이후 4%대로 높아졌다. 즉 어떤 기준으로 따져도 물가는 오르고 있고, 그만큼 서민들의 생활도 어려워지고 있다.

평균 자산 34억 의원들이 서민 대변?

그런데 서민을 대변하겠다는 정치인들은 물가를 모른다. 직접 장을 볼 가능성이 낮으니 물가에 민감할 리가 없다. 물가를 모르는 정치인들의 관심은 누가 어느 선거구를 맡을 것인가에만 쏠렸고, 언론을 장식하는 정치 언어는 친윤·친명·친문, 주류·비주류로 줄 세우기와 편 가르기에 몰두하고 있다. 이게 무슨 민주주의 국가의 정치인가.

2023년에 공개된 제21대 국회의원들의 평균 재산이 무려 34억 원이고 제22대 국회의원 당선자들의 평균 재산은 33억 원이다. 개인별로 차이가 있겠지만, 평균 재산만 따지면 한국의 상위 1%보다 더 작은 비중의 사람들이 서민의 대표를 자임하는 셈이다. 상식적으로 생각할 때 이들이 누구의 의견을 대변할까? 우리는 이런 사람들에게 정치를 맡기면서 어떤 정치를 기대하고 있나?

새로운 정치를 하겠다고 나선 사람들도 하나같이 학벌 좋고 집안 좋고 전문직이고 시장에 잘 안 갈 것 같은 이들이다. 마치 동문회나 사교 클럽처럼 비슷한 구성의 정치인들이 시민의 마음을 읽으며 정치의 다양성을 살릴 수 있을까? 시민들은 왜 자신과 거리가 먼 사람들에게 권력을 넘겨주고서 좋은 정치를 기대할까? 통제할 수 없는 먼 거리에 있는 사람들에게 권력을 주고 민주주의를 기대하는 것만큼 어리석은 일은 없다.

중대한 국가 사안을 다루는 국회의원에게 물가는 사소한 주제일까? 아니다. 물가는 하찮은 사안이 아니다. 기후위기부터 국제 유가, 환율, 전쟁으로 인한 원자재 가격 변동, 국내외 생산 현황 파악 등 종합적인 안목이 필요한 문제다. 물가를 논하고 다룰 줄 아는 정치인이라면 민심도 얻고 국정도 능히 운영할 만한 사람이다. 어쩌면 지금의 위기는 물가에 가장 둔감한 직종인 법조계 출신이 대통령이고 국회에서 가장 많은 비중을 차지한다는 사실과 무관하지 않다.

물가 파악하는 정치가 진짜 정치

만일 정치인들이 시장을 자주 다닌다면 언론이 다루는 내용은 상당히 달라졌을 것이다. 선거의 구호도 시민의 뜻을 받들겠다는 식상한 이야기 말고 시민들의 삶을 어떤 지점에서 어떻게 바꾸겠다는 구체적인 이야기가 될 것이다. 정치가 일상에 들어온다면 시민들의 삶도 달라진다.

다음 달이 선거이니 이제 정치인들이 시장에 자주 등장할 것이다. 그들은 가족이나 선거운동원들을 데리고 시장에서 명함을 돌리고 악수를 하며 자신을 홍보하는 데만 힘쓸 것이다. 그러나 이제는 시민들이 좀 물어보고 따져 보자. 그들이 물가를 제대로 파악하고 있는지, 어떤 대책을 세우고 있는지, 기후위기와 전쟁처럼 물가에 영향을 미치는 국제적인 사안을 다룰 시각은 있는지 확인해 봐야 한다.

옛날부터 시장은 물건을 사고파는 곳인 동시에 정치 논쟁이 벌어지는 장이었고, 3·1운동의 만세 소리도 장날에 울려 퍼졌다. 때로는 장날에 모인 사람들이 뜻을 합쳐 관아를 습격해 부패한 관리를 소탕하기도 했다. 기대감 없는 선거라고 냉소만 할 수는 없지 않은가.

(2024. 3. 11.)

정치의 언어가 사라진 극단의 시대

나라 밖의 상황이 심상치 않다. 러시아가 우크라이나를 침공했고, 중국과 대만, 중국과 미국의 갈등도 여전하다. 비핵화, 종전 선언, 전시 작전권 환수처럼 중요한 과제가 남아 있는 남북 관계, 북미 관계도 이후를 낙관하기 어렵다. 기후위기 대응을 비롯해 자원을 둘러싼 강대국들의 경쟁이 더욱더 치열해질 것이기에, 외교를 담당하는 대통령의 역할이 중요하다. 일주일 뒤로 다가온 대통령 선거에서 당선된 이는 위기를 헤쳐 가기에 적합한 인물일까?

이런 위태로운 국제 정세를 잘 헤쳐 가려면 관련 정보도 잘 수집하고 인맥도 탄탄하고 관료들도 잘 통제할 사람이 필요하다. 대통령 한 명이 이런 역할을 전담할 수 없으니 따끔하고 현명한 조언을 해 줄 참모진도 필요하고, 그런 사람을 찾고 쓸 안목도 중요하다. 정권 교체니 정치 교체니 하는, 양당제에서 만들어진 허구보다는 제 몫을 할 정치인이 필요하다. 지금도 우리는 그런 정치인이 잘 보이지 않는 오랜 답답함에 시달리고 있다.

답답함을 더하는 건 내부의 상황이다. 선거 때 비방이 난무하고 상대 후보에 대한 지지를 사표라 비난하는 건 늘 있던 일이다. 답답한 건 후보자나 그 소속 정당만이 아니라 시민들도 그 틀 속으로 빨려 들어가 버렸다는 점이다. 정치적인 지지를 보내는 건 자연스러운 일이지만, 지금은 정치에 관한 정보가 소통이 불가능할 정도로 뒤틀려 버렸다. 자기편에 유리한 정보가 아니면 모두 가짜 정보로 취급한다. 어느 편에 속해야만 말이 지지를 받고 나를 보호할 수 있다는 생각은 정치의 열정을 극단의 언어로 표출하게 만든다.

다양한 언어 대신 극단적 메시지만 난무하는 현실

그런데 '가짜/진짜'의 틀로 정치를 이해할 수 있을까? 지금은 어떤 정보가 제공되어도 정치적인 이해관계에 따라 상반된 해석이 가능하다. 말은 주고받되 어떠한 합의도 만들기가 어려운 상황, 합의는커녕 서로 제대로 이해한 게 맞는지도 의심스러운 상황이 되었다. 이런 상황에서 정치의 언어가 대안을 찾아 갈 힘을 발휘할 수 있을까? 더구나 대립의 전선은 종교나 이념만이 아니라 성별, 세대로 넓어졌고 정치인들은 오늘만 사는 듯 이 전선을 지휘하려 든다.

그러면서 정치의 위기는 시민사회의 위기로 번지고 있다. 시민사회 운동의 대표급들이 정치인으로 편입되는 것 역시 특별한 일은 아니지만, 이제는 그 범위가 훨씬 더 넓어졌다. 마을 공동체와 사회적 경제, 사회 혁신 같은 영역이 자기 힘을 바탕으로 정치인들을 압박하는 게 아니라, 특정 정치인들과 운명을 같이하면서 그것에 포획되어 버렸다. 상상된 운명 공동체의 논리가 강요되고 이제 시민사회의 언어도 극단의 언어를 닮아 가고 있다. 선거 이후에 우리는 어떤 사회를 맞이하게 될까? 이제는 누가 극단적인 대립의 완충 장치 역할을 맡을까?

시민사회 운동의 정치 중립성 같은 이야기를 꺼내려는 게 아니다. 운동과 정치는 분리될 수 없다고 생각한다. 다만 운동과 정치가 연결되려면 개인의 결단이나 헌신이 아니라 조직의 결정과 책임이 필요한데, 그런 과정을 보기 어렵다. 이해관계와 가치가 뒤섞이면 신뢰가 무너지고, 신뢰가 사라지면 극단의 언어가 더 강해진다. 정치는 역할이라는 '가면'을 쓰고 상대를 설득하고 합의를 끌어내야 하는데, 서로의 민낯만 드러나고 있다.

안정과 화해의 정치를 기다리며

대선 후보들은 자신이 선택받아야 강한 나라, 좋은 나라를 만들 수 있다고 하지만, 지금은 심각한 불평등과 사회 모순을 직시하는 과정이 먼저 필요하다. 현실을 외면한 환상은 결국 위기를 가중시키고, 내부의 위기는 외부의 위기로 이어질 수도 있다. 역사학자 에릭 홉스봄은 『극단의 시대』에서 전쟁과 풍요, 위기로 이어진 자본주의 모순과 불안정이 인구 폭발과 생태계 파괴라는 역사적인 위기의 시점에 도달했다고 본다. 이 시점에서는 과거의 지도를 꺼내 보는 것이 의미가 없고 지금 여기서 세계를 이해하고 바꾸려는 노력이 필요하다. 그러기 위해서는 한반도 중립화나 정의로운 전환, 차별 금지 등 다양한 정치 언어가 필요한데, 한국의 정치인들은 강함 아니면 몰락, 대박 아니면 쪽박 식의 메시지만 전달하고 있다.

정치는 예측 불가능한 것을 안정시키고 수용하기 어려운 부분을 화해시키는 역할을 해야 한다. 오늘은 3·1절이다. 1919년 3·1운동은 전 민중이 일제에 저항했던 사건이고 일본의 통치술을 바꿨으며 다른 나라들에도 영향을 미쳤다. 왕조를 지지한 사람도 있었지만 누군가는 해방된 새로운 사회를 꿈꿨고, 그런 사람들 덕에 사회는 조금 더 달라졌다. 그런 정치의 등장을 절실히 기다린다.

(2022. 3. 1.)

왜 국가는 외할아버지를 살해했나

자라면서 외할아버지에 관한 이야기를 한 번도 듣지 못했다. 내가 태어나기도 전에 돌아가셨고 외할머니도 어릴 적에 돌아가셨으니, 그 존재에 관해 물을 기회가 없었다. 외삼촌과 외할머니를 제외하면 외가 쪽 친척들과 관계가 거의 없었고, 돌아가신 분들 이름 짚으며 족보 따지기 좋아하던 아버지도 외할아버지에 대해서는 한마디도 하지 않았다. 워낙 가부장적인 집안이라 그런가 보다 생각하며 무심한 시간이 흘렀다.

그러다 외할아버지에 대한 이야기를 처음 들은 건, 사망 당시 기록이 정확하지 않다는 걸 우연히 발견한 조카가 질문을 던지면서이다. 부끄러운 일이지만 외할아버지의 존함도 그때 처음 들었다. 그러면서 사망 전에 대구형무소에 계셨다는 이야기를 들었고, 진실·화해를 위한 과거사위원회(진실화해위)에 진실 규명 신청서를 제출했다는 상황도 알게 되었다.

정부는 왜 책임지지 않는가

2023년 10월, 진실화해위는 외할아버지가 한국전쟁 발발 이후 대구형무소 재소자 집단 살해 사건 때 희생되었다는 진실 규명 결정 통지서를 보냈다. 최소 1,400명 이상의 민간인이 국군 헌병대와 방첩대, 대구 지역 경찰에 의해 계곡과 폐탄광 등지에서 살해당했을 때, 두 아이를 둔 서른 살의 외할아버지도 죽임을 당했음이 공식적으로 인정되었다. 진실화해위는 국민의 생명과 재산을 보호해야 할 군과 경찰이 법적 근거와 절차도 없이 민간인을 집단 학살한 사건임을 인정했다.

기록에 따르면, 외할아버지는 남로당이 부산 범일동에 전단을 살포한 사건에 연루되어 검찰에 기소되었다. 지인의 권유로 남로당 지역 세포에 가입했으며 남로당의 전단 20장가량을 전차 노상에 살포한 혐의로 검찰은 징역 2년을 구형했고, 부산지방법원도 2년형을 선고했다. 검찰의 기소와 형의 선고까지 걸린 시간이 불과 10일이니 제대로 변호나 받을 수 있었을까. 1950년 2월 28일에 형을 선고받은 외할아버지는 3월 2일에 상소했고, 5월 13일 대구형무소에 구치된 뒤 7월 3일에 군경에게 끌려 나가 살해당했다.

미군정이 끝나 가던 1948년부터 전국의 형무소에 수감되는 사람들이 급증했고, 그 수는 적정 수용 인원의 두 배를 넘어설 정도였다. 좌우가 대립하고 정치적으로 혼란하던 시기에 이승만 정부는 정치적인 반대 세력을 감금했고, 갑작스러운 한국전쟁은 이들을 위협할 명분이 되었다. 그렇지만 전쟁 포로의 생명과 권리도 존중받아야 하는데, 하물며 국민이었던 사람들이 아무런 절차도 없이 죽임을 당했다. 이승만의 퇴진 후 억울한 죽음을 밝히려던 유족회는 1961년 5·16 군사 쿠데타 이후 반국가 단체로 몰려 강제로 해산되었다. 다행히 2005년에 진실화해위가 만들어지고 2기가 활동 중이지만, 지금도 드러나지 못한 죽음들이 많다.

동료 시민의 자리는 어디인가

사실 이 학살 사건을 모르지는 않았다. 한국전쟁을 다룬 역사책에서 접했던 사건이고 그 끔찍함에 분노했던 사건이다. 하지만 뒤늦게 내 외할아버지의 소식을 알게 되면서 그동안 이해하기 어려웠던 집안의 분위기와 어머니의 침묵과 어둠을 조금씩 알아 가고 있다. 그러면서도 근본적인 질문은 사라지지 않는다. 학살의 책임자인 정부는 왜 그 긴 세월 동안 유가족에게 '먼저' 설명하고 사죄하고 책임을 지지 않았는가?

지난주 가까운 사람들과 대구광역시 가창면에 있는 10월

항쟁 등 한국전쟁 전후 민간인 희생자 위령탑에 다녀왔다. 그곳엔 10월 유족회가 사용하는 낡은 컨테이너 박스와 작은 위령탑이 쓸쓸히 있었고, 위령이라는 말과 어울리지 않는 풋살 클럽과 배드민턴 클럽 건물이 그 앞을 가리고 있었다. 지금도 위령탑에 적힌 이름은 학살당한 사람들의 수에 비해 턱없이 부족했고, 희생자라는 모호한 말처럼 아직 사건에 대한 정명(正名)조차 제대로 되지 않았다. 다행히 억울한 죽음을 기리는 의로운 시민들의 애도가 위령탑으로 가는 길을 열어 줬지만, 핵심 당사자인 정부의 애도는 느껴지지 않았다.

그런 점에서 전직 법무부 장관이자 대구를 자신의 '정치적 출생지'라고 말했던 한동훈 씨에게 묻고 싶다. 이념과 역사 바로 세우기가 중요하다는 윤석열 정부는 민간인 학살이 적법했다고 생각하는가? 국가가 민간인 학살을 책임지는 올바른 방식과 재발을 막을 방법은 무엇일까? 그 긴 세월을 침묵하며 살아야 했던 유가족들에게 동료 시민으로서 어떤 애도의 말을 건네야 하는가? 나의 외할아버지 김동환과 함께 희생된 수많은 영혼들이 그 답을 기다린다.

(2024. 1. 15.)

무능을 적대로 감춰 온 정치

이태원 참사에서 형제자매를 잃은 유가족 10인의 공동 호소문 영상을 우연히 접했다. 당황스럽게도 그 호소문은 소로의 「시민불복종」에 실린 문장으로 시작되었다.

"법에 대한 존경심보다는 먼저 정의에 대한 존경심을 기르는 것이 바람직하다."

사회운동에서나 나올 법한 말을 사고에 희생당한 유가족의 입에서 들으니 놀라웠다. 어쩌다 유가족이 불복종을 말하게 되었을까? 유가족의 의도는 일방적으로 애도와 망각을 강요하는 정부에 맞서겠다는 것이겠지만, 내 느낌으로는 더 깊은 부분을 건드렸다.

누가 시민사회를 파국으로 몰아가나

공동 호소문은 사고의 책임을 대통령과 행정안전부 장관, 서울시장에게 일단 묻고 있다. 그렇지만 더 이상 국민을 대리하지도, 국민의 역할을 하지도 않는 공무원들에게도 책임을 묻고 있다. 진실과 정의에 자신을 바칠 정치인이나 공무원이 등장하리란 기대는 호소문에서 보이지 않는다.

사실 세월호 참사 때 이미 국가란 무엇인가라는 질문이 던져졌다. 한국의 정치는 이 질문에 대한 답을 정당성 회복이 아니라 국가의 기반인 시민사회의 파괴에서 찾은 듯하다. 정확한 진상도, 분명한 대안도 없는 상태에서 정치의 몫이어야 할 사안들이 사법부로 넘어가거나 시민사회로 넘어가 여론 재판정에 세워졌다. '아니면 말고' 식의 온갖 의혹들이 여론을 부추겼고, 토론하며 잠정적인 대안을 찾아야 할 사안들은 지지자들에 대한 호소로 대체되었다. 그러면서 시민 간의 불신도 점점 더 깊어지며 사회가 해체되기 시작했다.

이 와중에 윤석열 정부는 노동조합과 시민단체들을 직접 공격하고 있다. 노조에 들어간 지원금이 '부정'이라면서, 그보다 수천 배가 넘는 사학 재단에 대한 지원금은 문제 삼지 않는다. 시민단체에 대한 지원금이 '특혜'라면서 그보다 훨씬 많은 관변 단체의 지원금엔 침묵한다. 정확하지 않은 정보들이 사회의 결사체들을 불신의 먹잇감으로 만든다. 기본이라 할 청소년

인권, 민주시민 교육, 사회적 경제조차도 정쟁의 도구로 이용된다. 의제에 대해 단순한 의견을 밝히는 것조차 누군가에 대한 지지로 해석될까 두렵다.

이런 경향이 지금 정부만의 탓은 아니다. 그동안 한국 정치는 비정규직 차별, 성 차별, 학력 차별, 자산 격차처럼 사회에 균열을 내는 문제들에 적극 대응하지 않으면서, 지지율을 끌어올리는 전략으로 그것들을 활용해 왔다. 문제를 드러내고 함께 해결책을 모색하기는커녕 상대방 탓이라며 비난만 했다. 양당제 정치 구조는 서로를 비난할수록 지지층이 결집되는 괴상한 정치를 강화해 왔다. 의혹과 비난이 권력을 움직이니 '압수수색'부터 시작하는 정부가 들어선 것은 그런 흐름의 정점이라 하겠다.

그 결과 '사회의 양극화'가 아니라 '사회 없는 양극화'가 진행되고 있다. 계층은 이미 심하게 쪼개져서 하나의 형태를 갖추지 못한다. 어떤 형태의 결사체이건 불신을 받는 곳에서는 공동으로 만든 안전장치가 파괴되고 양극화의 결과는 온전히 개인의 몫이 된다. 개인의 분노와 불안은 서로 충돌하며 증폭된다.

사적인 복수에 매혹된 사회

무능한 정치와 적대에 감염된 시민들 속에서 무책임한 기업들은 생명을 갈아 넣어 이윤을 챙기고 있다. 규제 완화와 민영화라는 명분을 내세운 대기업과 투기 자본들이 공공 부문을 잠식하고 있다. 이에 따른 불만은 누적되고 있지만 시민이 함께 움직일 기반도, 공동의 목표도 없다. 권력의 정당성이 사라진 세상에서 드라마와 영화는 사적인 복수를 멋있게 묘사하기 시작했고, 시민들은 치밀한 복수에 환호한다. 하지만 그 복수조차 유능한 사람들의 몫이라는 비극은 반복된다. 복수는 관람할 수 있을 뿐 허용되진 않는다.

더구나 기후위기, 불평등, 생명과 안전 등 정치가 다뤄야 할 중요한 주제들은 복수로 해결될 수 없다. 상처 입은 사람들은 불가능한 복수의 환상에 빠져 모진 현실을 견디고 힘을 가진 소수는 장벽을 세워 자신들을 보호하는 곳, 사회가 해체되는 한국의 모습이다.

그렇다고 이대로 파국을 기다릴 수만은 없다. 이미 분립과 견제의 취지를 잃어버린 입법/행정/사법의 삼권을 근본적으로 재편하겠다는 정치 세력의 등장을 당장 기대하기는 어렵다.

그래도 기득권을 내려놓고 정부의 무능과 부패를 하나씩 드러내고 해결하며 신뢰를 쌓아 가고 사회를 복원하는 정치의 등장을 기다리고 싶다. 그 외에 어떤 대안이 있을까?

(2023. 3. 7.)

역대급의 정치

2022년에 '힌남노'라 불린 초대형 태풍이 지나갔다. 큰 태풍이 아니라도 한창 낟알이 차는 시기여서 벼가 쓰러지면 어쩌나, 수확기가 다 된 과일이 떨어지면 어쩌나, 농부들의 걱정이 컸다. 바람이 잦아든 뒤 읍내를 돌아보니, 비가 많이 내리면 넘치던 하천도 큰 탈 없고 무너진 곳도 없었다. 나무가 쓰러져 도로를 막은 곳이 있다는 소식도 있었으나 며칠 동안 걱정했던 것에 비하면 피해가 크지 않았다.

그렇지만 태풍의 경로에 있던 남부 지방을 생각하면 그 피해가 적었다고 보기 어렵다. 피해의 규모가 다를 뿐 강한 바람과 폭우를 동반한 태풍은 심각한 자연 재해이고, 그동안 한국에 가장 큰 피해를 입혀 온 자연 재난도 호우와 태풍이다. 가을 태풍이란 말처럼 태풍이 오는 시기가 늦춰지는 것도 수확기 농작물에 피해를 크게 준다. 피해가 적은 태풍은 없다.

불신은 자연 재난을 사회 재난으로 만든다

이번 태풍의 경우 문제는 '역대(歷代)급'이라는 표현이었다. 태풍이 지나간 뒤 인터넷에는 기상청을 조롱하고 역대급 호들갑, 사기라며 비난하는 글들이 올라왔다. 이슈가 이슈를 덮는다고, 정부가 태풍으로 김건희 씨 관련 뉴스를 덮었다는 주장도 나왔다.

이런 비난과 음모론이 처음은 아니다. 이미 2020년에 '노르웨이 기상청'이 실시간 검색어 1위를 차지했고, 주위의 많은 사람들이 여러 나라의 기상 앱을 쓰고 있다. 언론에 대한 불신과 정부의 여론 조작 시도가 빚어 낸 음모론도 낯설지 않다. 심각한 재난 상황일수록 정부의 말을 듣기보다 스스로 정보를 찾아 판단하는 게 생활화된 한국 사람들은 저마다의 근거를 가지고 있다. 음모론의 씨앗은 시민들의 상상력이 아니라 정부에 대한 불신이고, 그 불신은 자연 재난을 사회 재난으로 바꾼다.

지지율이 낮은 윤석열 정부 입장에선 태풍에 잘 대처해서 점수를 좀 따고 싶었을 것이다. 특히 지난 집중호우 때 여론의 질타를 받았으니, 만회하고 싶은 마음이 클 수밖에 없다. 잘하려는 의도를 탓할 생각은 없다. 하지만 그 의도만큼 대응도 실질적이어야 하는데, 방향이 보이지 않는다. 윤석열 정부는 지난 5월 발표한 110대 국정 과제에서 '선진화된 재난 안전 관리 체계 구축'을 목표로 내세웠다. 디지털 재난 관리 체계 구축, 민관 협업을 통한 재난 대응 역량 제고 등을 주요 정책으로 다뤘는데, 이런 구상이 지금의 재난에 효과적일까? 잦아지는 기상이변을 예측할 체계를 만들 인력이나 예산 확충은 여전히 중요하게 다뤄지지 않는다.

재난 이후의 대응도 마찬가지이다. 이번 태풍에 큰 피해를 본 곳들 중 한 곳은 경상북도 포항시인데, 포항시는 2017년에도 지진으로 큰 피해를 입었다. 재난이 반복되는데 포항시는 안전한 도시로 변해 가고 있을까? 개인에게 지급되는 지원금도 필요하지만 재난에 강한 도시 인프라, 탄력성과 회복력을 갖춘 사회구조, 협력과 신뢰를 북돋울 관계망 등도 필요한데, 중앙정부와 지자체의 대응은 다분히 관행적이다.

재난 시에 가장 많은 정보와 자원, 권한을 가진 정부가 무기력하게 대처하고 시민들이 각자 알아서 판단하고 살아남아야 하는 사회는 위험하다.

사실 '역대급'은 없던 현상이 아니라 그동안에 있던 현상을 가리키니 '역대급 태풍'이란 말은 가장 강력한 태풍이 아니라 기존의 태풍이란 말이다. 어법으로 따지면 잘못된 표현이고, 표현이 불러오는 긴장감에 비해 내용은 추상적이다. 이제는 역대급이 조성하는 불안감보다 차분한 대응이 필요하다.

다가올 여러 위기에 대응해야

태풍 외에도 예고된 위기들이 심상치 않다. 환율은 계속 올라 2009년 금융위기 이후 처음으로 1,380원을 넘어섰고, 물가 인상 속도도 빠르다. 코로나19 위기도 3년이 지났건만 여전히 출구가 보이지 않는다. 석유와 천연가스 같은 에너지 가격도 계속 오르며 경고등을 깜빡거리고 있다.

초대형 태풍도 계속 올 거고, 여러 위기들이 지금껏 경험하지 못한 규모로 올 수 있다. 1차적으로는 정부가 이런 위기들에 적절히 대응해야 하고, 이상과 변동이 심하니 정부가 조금 과잉된 대응을 해도 좋다고 생각한다. 하지만 양치기 소년이 되지 않으려면 구체적인 정보를 투명하게 공개하고 시민들과 함께 대비해야 한다.

그리고 재난에 대한 대비가 꼭 정부만의 역할은 아니다. 기후위기처럼 전 지구적인 위기에는 정부가 제 몫을 하도록 시민들이 강력하게 요구할 필요가 있다. 9월 24일로 예정된 기후위기 해결을 요구하는 시민들의 기후정의행진이 그 출발점이다.

(2022. 9. 13.)

고통의 개인화와 공통감각의 상실

오래전에 빨치산 세대를 만나서 이야기를 나눈 적이 있다. 그는 극단적인 이념 대립과 전쟁, 노골적인 폭력의 시대에 관해 말했다. 무용담과 고통이 뒤섞인 이야기를 들으며 그 삶에 나를 투영하기는 어려웠다. 그런 야만의 시대를 살지 않아 다행이라는 안도감이 들었지만, 한편 우리 세대의 삶도 편하지만은 않다는 생각도 들었다.

우리 세대는 의문사와 분신의 시대를 살았다. 국가 폭력은 때론 노골적으로, 때론 은밀하게, 저항하는 사람들을 감시하고 뒤쫓고 생명을 위협했다. 길을 가다가, 말을 꺼내다가 주위를 한 번 살펴야 하는 시대였고, 자신의 몸을 불태우며 저항하는 사람들이 있었고, 어떤 이는 갑자기 사라졌다 죽은 채 발견되었다. 분명한 사과도 없이 세상을 떠난 노태우, 전두환이 그런 폭력과 희생의 시대를 지배했던 자들이다.

누군가에게는 치 떨리는 이름이지만 누군가에게는 겪어 보지 못한 과거의 이름이다. 아마도 쉽게 공감하지 못하는 이유는 정보의 부족보다 내가 빨치산 세대를 보며 느낀 감정과 비슷할 것이다. 너무 폭력적인 시대는 실감이 잘 나지 않는다. 그리고 누구에게나 자기 시대의 고통이 가장 먼저 느껴지고, 그 고통의 무게는 개인이 감당하지만 사회적으로 결정된다.

국가 폭력이 사라진 건 아니지만, 이제 사람들이 느끼는 사회적인 고통은 훨씬 더 다양해졌다. 사람들은 어느 것엔 더 민감해졌고 또 어떤 것엔 더 둔감해졌다. 예를 들어, 가부장제에서 자연스러웠던 관행들이나, 한때 복지를 대신했던 친족이나 가족 관계는 이제 안전망이라기보다는 고통에 가까워졌다. 그리고 자기실현과 인정에 대한 욕구가 강해진 만큼 좌절에 따른 고통도 커졌다. 반면에 공권력에 의한 물리적인 폭력은 줄어들거나 벌금으로 대체되었다. 고통스럽지 않은 게 아니라 고통의 체감이 달라졌기에 공감은 쉽지 않다.

그리고 시대가 변하고 민주화가 되어도 전혀 줄어들지 않은 고통도 있다. 2020년에만 산업재해로 인한 사망자가 2,062명이고, 재해를 입은 사람이 10만8,379명이다. 2024년에도 산업재해 사망자는 2,098명으로 더 늘어났다. 산업재해로 인정된 사람들이 한 해에만 이 정도이고, 인정받지 못한 사람들의 수를 합치면 그 수는 훨씬 더 늘어날 것이다. 이 정도면 진지한 공감이 가능할 것 같은데, 노동의 고통은 존재하지만 은폐되고, 수시로 발생하지만 예외로 치부되며 개인화된다. 이렇게 사회가 함께 공감하며 인식하지 않는 고통은 개인이 감당해야 하는 문제로 축소되거나 은폐된다. 이와 비슷하게 자신의 정체성을 드러낼 수 없는 소수자들의 고통도 개인화된다.

한나 아렌트는 인간이 세계를 인식하고 다른 사람과 소통하기 위한 기본 전제로 '공통감각'을 꼽는다. 인간은 자신이 보는 것을 타인이 보고, 자신이 듣는 것을 타인도 듣는다는 단순한 사실로 인해, 세계에서 살아 있는 존재가 된다. 즉 내가 보고 듣는 것을 타인이 함께하지 못한다면 나는 유령이나 미치광이가 된다. 공통감각은 우리가 같은 세계에 살고 있음을 자각하고 되새기게 하고, 그 감각을 통해 우리는 서로의 삶과 고통에 직면한다.

사회에서 자신의 존재를 부정당하면 당사자는 내가 여기 있다고 외칠 수밖에 없다. 그렇지만 그 외침은 누군가 들으려는 사람이 있을 때에만 언어가 될 수 있다. 그리고 드러나는 것들은 누군가에게 들리고 보일 때 의미가 될 수 있다. 그래서 사람들이 제대로 듣고 보지 않으려는 곳에서는 세계가 구성되기 어렵다. 그곳에서는 모두가 개별자이고, 그들 사이에는 공통감각이 만들어지기 어렵기 때문이다.

그리고 고통이 개인화될수록 공통감각의 구성은 더욱더 어려워지고 고통의 무게는 가중된다. 우리는, 내가 보고 듣는 것을 타인도 보고 듣는다고 믿고 있을까? 지금 한국 사회의 문제를 묘사하는 대표적인 단어인 '혐오'는 다른 무엇보다도 공통감각의 상실을 뜻한다.

그래서 지금 우리에게는 타자가 보고 듣는 것을 나도 감각하는지 확인하는 과정이 먼저 필요하다. 너는 왜 이것을 보지 않느냐는 질책보다는, 무엇을 보고 듣느냐고 물으며 서로 마주하고 대화하는 과정이 필요하다. 같이 감각을 나누고 함께 세계를 구성할 규칙과 상식을 재구성할 새로운 권력이 필요하다.

그러나 권력을 가진 정치인들이 이런 생각을 하지 않는다는 점은 차별금지법이 국회에서 막혀 버렸다는 점으로 증명된다. 정치인들은 저마다 정의를 대변하겠다고 주장하지만 타자의 눈에 보이고 들리는 세상에, 은폐된 고통에 관심이 없다. 외려 정치는 자기편 얘기만 믿고 타자의 목소리에 귀를 닫으라며 공통감각의 붕괴를 부추기고 있다.

당장의 대통령 선거도 걱정이지만 이것이 정말 걱정이다. 공통감각의 상실은 고통의 무게를 줄이며 함께 살아가는 세계의 붕괴를 뜻하기 때문이다. 그 점에서 차별금지법 제정은 세계를 되살리기 위한 최후의 보루다.

(2021. 11. 30.)

상상된 성 평등

재작년 11월부터 주말 부부로 살고 있다. 각시는 처가에서 지내며 서울로 직장을 다니고, 집에서 청소년을 돌보고 살림하는 일은 내 몫이 되었다. 그 전에도 1년 반 정도 주말 부부 생활을 했었고 이제는 집안일이 손에 익어 크게 어려운 점은 없다. 그렇지만 주중에 돌봄을 전담하니 바깥일을 예전처럼 하기는 어려워서, 오전이나 낮 시간 동안 나갔다가 부리나케 집으로 돌아와야 한다. '밤 문화'를 잃은 대신 요리 실력과 아들의 사랑이 늘었으니 손해 보는 장사는 아니다.

이렇게 독박 돌봄을 하고 있으니 그동안 눈에 들어오지 않던 것들이 조금씩 들어온다. 아동을 어린이집 버스에 태우거나 교문에 들여보낸 뒤 엄마들의 표정이 왜 그렇게 밝은지, 전달할 내용을 아빠에게 보내 달라고 부탁해도 왜 학교는 엄마에게 자꾸 문자 메시지를 보내는지, 저녁 시간에 회의를 연다고 하면 왜 짜증부터 나는지 등. 요즘은 동네 모임이나 학부모 모임 같은 자리에 가면 남성들이 얼마나 참여하나 유심히 보는데, 예전에 비해 참여율이 늘어난 것은 분명하다. 그러나 여전히 한국이 성 평등한 사회라는 생각은 착각이다.

돌봄에 쓰는 시간과 강도가 다르다

아빠들이 가사 노동에 참여하는 시간은 분명히 평균적으로 늘었다. 통계청은 5년마다 시민들의 생활양식을 파악하기 위해 '생활시간 조사'라는 통계 조사를 실시한다. 1999년의 조사 결과를 보면, 요일을 평균해서 볼 때 기혼 남성이 가정 관리에 쓰는 시간이 하루에 25분이고 기혼 여성이 3시간 33분이다. 가족이나 함께 사는 사람들을 돌보는 시간이 기혼 남성의 경우 하루에 11분, 기혼 여성은 57분이다. 20년 뒤인 2019년에는 얼마나 바뀌었을까? 가정 관리에 쓰는 시간이 기혼 남성의 경우 48분, 기혼 여성의 경우 3시간 1분이다. 가족이나 함께 사는 사람들을 돌보는 시간이 기혼 남성의 경우 16분, 기혼 여성은 44분이다. 조금씩 나아지고 있는 건 분명하지만, 문제는 속도이다. 사회가 변하는 속도는 빠른데, 가정이 변하는 속도는 너무 느리다.

그리고 시간 단위로 쪼개어 보면 가사 노동의 강도가 다르다. 한국여성정책연구원이 2022년에 발간한 「젠더 관점의 사회적 돌봄 재편 방안 연구(I)」 보고서에 따르면, 초등 이하의 아동을 오전 7시부터 오후 11시까지 돌보는 시간 중에 엄마가 돌보는 비율이 40% 이상이고, 아빠가 돌보는 비율이 10% 정도이다. 특히 오전 7시 대에는 80% 이상의 아동을 엄마가 돌본다. 깨워서 뭐라도 먹여 어린이집이나 학교에 보내야 하는 정말 바쁜 시간을 여성이 맡는다. 그리고 아동이 집에 돌아온 뒤의 시간도 여성이 돌보는 경우가 절반 이상이다. 즉 돌봄이 집중되는 시간은 여전히 여성의 부담이고, 맞벌이 부부의 상황도 크게 다르지는 않다.

그러니 눈에 보이는 개선은 분명히 있지만 오히려 그 때문에 불평등의 문제가 잘 드러나지 않기도 한다. 남성의 참여도가 늘어난 것이 성 평등을 이룬 듯한 착각을 부추기기 때문이다. 하지만 돌봄에 들어가는 에너지는 여전히 큰 차이를 보인다. 따라서 남성이 더욱더 적극적으로 돌봄을 분담하고 공적인 돌봄 체계가 강화되어야 일과 가정의 양립이 가능하다는 점은 분명하다. 저출산이라는 어려운 과제도 지원금이 아니라 성 평등 문화가 형성될 때 해결될 수 있지 않을까.

기회가 있어야 능력도 생긴다

전생에 나라를 구해야 할 수 있다는 주말 부부 생활을 나라를 판 입장에서 하고 있지만 처지가 마냥 불리하지만은 않다. 남성이 돌봄을 전담한다는 이유만으로 사람들에게 점수를 따는 경우도 있으니. 물론 예전처럼 바깥일을 못 하게 되는 건 아닐까 불안감이 들 때도 있지만, 그런 불안감이 남성에게만 있을까.

이재명 대통령은 성 평등을 핵심 가치로 삼고 내각을 구성할 때에도 남녀의 균형을 맞추겠다고 공약했다. 그런데 지금 구성되는 기구들의 면면을 보면 그 공약이 무색해진다. 인수위를 대신한다는 국정기획위원회에서 여성의 비율은 20%를 조금 넘는다. 그리고 내각 구성에서 여성 비율을 30% 이상 확보하겠다는 약속도 지키기 어려울 것 같다.

능력에 따라 뽑다 보니 마땅한 인물이 없어서 그랬다고 나중에 변명할지 모르겠다. 그런데 집 나간 각시는 마치 물 만난 물고기처럼 일을 열심히 해서 건강이 걱정될 정도이다. 사회적인 인정을 받고 자존감이 높았던 나도 집안일에 묶이니 움츠러드는 게 현실이다. 우리집이 보편적인 기준은 아니지만, 능력이 기회와 맞물려 있다는 점은 너무나 명백하다. 누구든 기회가 있어야 능력도 키울 수 있다.

(2025. 6. 23.)

정치 개혁에 필요한 것은 선거제도만이 아니다

지난주에는 여러 지역에서 시민들을 만났다. 기후위기 시대, 시민의 역할을 논하는 자리부터 시민권, 청소년 정치 학교까지 다양한 주제로 다양한 사람들과 이야기를 나눴다. 주제는 각기 달랐지만 토론과 뒤풀이 시간에는 어김없이 현실 정치에 대한 시민들의 실망감과 무기력감이 토로됐다. 정치의 변화를 기다리는 시간이 길어지면서 시민들은 지쳐 가고 있다.

이미 법정 시한 넘긴 선거구 획정

공직선거법에 따르면 국회는 선거일 13개월 전에 선거구 획정안을 만들어야 한다. 이를 위해 2022년 8월부터 국회에 정치개혁특별위원회가 구성돼 활동했지만 이미 법정 시한을 넘겼다. 이번이 특별한 경우도 아니다. 지난 제20대 총선, 제21대 총선 때에도 국회가 법정 기한을 지키지 않았으니.

그래도 예전보다는 상황이 좋다. 2019년의 선거제도 논의가 여야 간의 폭력까지 불렀다면, 이번에는 정개 특위가 세 가지 안의 결의안에 합의했고, 19년 만에 열린 국회 전원위원회가 이 안을 논의했다. "국회의원 정수를 줄이자", "비례대표를 없애자"는 헛된 발언도 있었지만, 비례대표를 늘리는 방향으로 선거제도를 바꿔야 한다는 의견이 많았다. 인구수로 선거구를 획정하는 방식이 비수도권의 대표성을 반영하지 못한다는 지적도 있었다.

그러나 언제나 국회의원 정수가 걸림돌이다. 국회의원 정수를 바꾸지 않고 비례대표 의석을 늘리려면 누군가의 지역구를 줄일 수밖에 없으니 적절한 합의가 어렵다. 국회와 정치에 대해 시민들이 가진 불만도 정수를 늘리지 못하는 명분이 된다. 이런 어려움을 의식해서인지 국회는 시민 469명이 참여한 공론 조사를 실시했다.

참여한 시민들이 처음에는 비례대표 확대에 부정적이었지만 토론 후에는 찬성이 27%에서 70%로 늘어났다. 그리고 토론 전에는 국회의원 정수를 줄이자는 의견이 65%로 많았지만 토론 후에는 37%로 줄었고, 정수를 늘리자는 의견이 13%에서 33%로 늘어났다. 다만 현행 300석을 유지하자는 의견도 29%

라서 축소-증가-유지의 비율이 팽팽하다. 공론 조사로도 비례대표 의석을 확대할 묘수는 나오지 않았다.

이미 국회의원들이 선거 준비에 들어간 만큼 제도를 크게 바꾸는 방안일수록 동의를 받기가 어려울 것이다. 마지노선인 10월 전에라도 합의가 이루어지면 좋겠지만, 그때 이루어진 합의는 과연 어느 정도의 변화를 담을 수 있을까? 사실 합의가 이루어져도 농촌에 사는 사람들의 속은 여전히 답답하다. 대도시에는 중대선거구제, 농어촌에는 소선거구제를 적용하자는 제안은 개혁일까, 차별일까?

사실 지방자치제도와 지방의회가 있음에도, 지역을 대표하는 것이 국회의원의 역할이어야 할까? 다양한 계층과 지역을 대표하는 것이 비례대표제라지만, 정원이 47명에서 100명으로 늘어난들 그 자리가 농민에게 올지 모르겠다. 노동조합 같은 상시 조직이 없는 농민에게는 정치적인 대의가 매우 필요하고 중요한데, 그 자리에 갈 통로는 더 좁다.

지역 정당 허용 등 개혁 과제는 방치

답답함은 또 있다. 애초에 정개 특위는 선거제도만이 아니라 정치관계법을 폭넓게 다루겠다고 했다. 유권자의 알 권리보다 선거운동 규제에 초점을 맞춰 온 공직선거법의 일부 조항들은 이미 헌법 불합치 판결을 받았고, 시민들의 정치적 효능감을 높여 줄 다양한 고민들이 필요하다.

공직선거법은 만 18세 미만 미성년자의 선거운동을 금지하고 있는데, 정당에 가입한 만 16세 이상의 당원(법정 대리인 동의)은 어떻게 선거운동에 참여해야 할까? 자기 돈으로 제작한 홍보물이나 인쇄물을 활용하는 것이 정치적 표현의 자유로 허용된다면, 경제적으로 넉넉한 사람들의 자유가 과잉 대표되지 않을까? 특히 다양한 정치 세력들이 연합해서 거대 양당에 대응할 수 있도록 지역당, 복수 정당이 허용되고, 그들만의 리그라 불리는 선거 이외의 정치를 활성화할 방법들에 대한 고민도 필요하지 않을까?

그러나 지난 3월 22일에 결의안이 의결된 뒤 한참 후인 5월 9일에 열린 정개 특위 회의록을 살펴보면 다른 과제들도 빨리 다뤄야 한다고 얘기한 의원은 거의 없다. 지친 시민들을 다독일 방법은 자신의 기득권을 내려놓는 더욱더 근본적인 정치 개혁이고, 그때를 놓치지 않아야 한다.

(2023. 5. 30.)

권력과 불화하지 않는 풀뿌리?

이 칼럼 코너의 제목('하승우의 풀뿌리')처럼 나는 2000년대 초반부터 풀뿌리 민주주의가 중요하다고 외쳐 왔다. 식민지와 군사독재를 거친 한국 현대사는 엘리트 중심, 행정 중심의 권력 구조를 만들었고, 1997년의 국가 부도 위기는 분배 구조의 불평등을 심화시켰다. 경쟁과 능력주의의 압박을 받으며 사회의 관계망도 끊어져 변화를 모색하기도 쉽지 않았다. 풀뿌리는 기득권 중심의 사회구조를 무너뜨리고 주요한 결정 과정에서 배제되어 온 사람들이 경험과 역량을 쌓고 나누며, 함께 사회의 주체로 나서자는 전략이었다.

마을이나 공동체라는 말이 유행하기 시작하던 시기였지만, 당시에도 풀뿌리라는 말에 대한 거부감은 강했다. 민주주의라는 말조차 거북해 하던 행정이 풀뿌리를 언급하기는 어려웠고, 시민들도 가진 것 없는 사람들이 무슨 수로 엘리트에 맞서느냐며 회의감을 드러냈다. 시민운동의 위기가 얘기되면서 풀뿌리란 말이 잠깐 등장하긴 했으나 선택과 집중이라는 노선에 금방 밀려났다.

말만 유행했지 변혁의 전략은 못 돼

그런데 요즘은 풀뿌리 지역 사회, 풀뿌리 기부 문화, 심지어 풀뿌리 창업이란 말까지 나온다. 행정과 단체를 가리지 않고 지역이나 작은 규모의 활동에는 풀뿌리란 말이 수식어처럼 따른다. 이렇게 퍼지게 된 것은 사람들의 노력 덕이 크다. 아래로부터 세상을 바꾸겠다던 사람들이 꾸준히 행정과 중간지원조직에 참여하며 이 말을 써 왔기 때문이다.

그렇지만 권력 구조나 자원을 조직하는 방식은 지금도 별로 변하지 않았다. 스스로 자원을 조직하며 우리의 기반을 강화한다는 전략은 희미해지고, 정부나 기업의 지원을 받지 못하면 능력을 의심받는 세상이 되었다. 관계를 믿고 조직하는 사람들보다 그럴싸한 기획서를 쓰는 사람이 대우를 받는 시대에, 풀뿌리의 유행은 기이한 풍경이다. 작고 감동적인 사례들이 부패한 기득권 구조와 공존하는 경우도 보인다.

시민의 역량을 기르자는 주장들도 늘어나기는 했다. 그렇지만 여기저기서 등장하는 역량 강화 프로그램들은 역량이란 대체 무엇인가라는 의문을 품게 만든다. 우리가 선 공통의 세계를 이해하고 개입할 역량보다는 사업 수행을 위한 기술에 가까운 경우가 많기 때문이다. 서로의 능력에 주목하며 인정받는 능력의 경계를 허물어야 하는데, 요구되는 조건들만 늘어났다. 뿌리들이 엉키며 서로를 지지해야 하는데, 서로 경쟁하기에 바쁜 풍경도 보인다. 그러니 말은 유행해도 풀뿌리는 세상을 바꾸는 전략이 되지 못했다.

국민의힘이 대통령 선거와 지방 선거에서 승리하면서, 제도권에서 물러나는 사람들이 보인다. 다시 지역에서 시작하자는 다짐도 보인다. 그러면 풀뿌리의 전략도 다시 힘을 얻을까? 그럴 가능성은 낮다. 풀뿌리라는 수사를 쓴들 그 힘과 속도를 실제로 믿는 사람은 드물기 때문이다. 다시 권력을 잡을 날을 기다리는 것이 빠르지, 때론 권력마저 포기하며 그 힘을 재구성해야 한다고 믿지 않기 때문이다.

그래서 정권에 비판적인 사람들은 있으나 권력에 비판적인 사람은 적고, 불평등을 비판하는 사람들은 있으나 아래로부터 평등을 쌓아 올릴 사람은 적다. 자본주의나 체제를 비판하는 목소리가 드물게 외쳐지지만 구호와 현실의 간극을 메울 방법은 잘 보이지 않는다.

기득권의 이해관계는 점점 강화되어 가는데, 정작 시민들은 결집의 힘을 잃어 가고 있다. 그동안 촛불집회가 계속 있었는데 왜 결집의 힘을 잃어 간다고 말할까? 한국 사회가 역동적인 것은 맞지만 수많은 사건들의 흐름 속에서 그 역동성은 흩어지기 쉽다. 단체 없이 개인들의 연합이 힘을 발휘할 때도 있지만, 단체가 필요한 영역도 있는데, 이제 새로운 결사는 매우 어려워졌다.

풀뿌리가 해답은 아니지만

결집 속에서 다양성을 확보하는 일도 어려워졌다. 개인화된 '다름'은 서로 만나지 않아도 될 명분이 되었고, 능력 있으면 알아서 하겠지라는 냉소를 자아낸다. 서로 얽혀서 세상을 바꾸기엔 지쳤고, 이젠 상처를 더 받기 싫다는 마음이 강하다. 살아남아야 존중받는 세상에서 무슨 풀뿌리 타령인가 싶다.

그럼에도 나는 풀뿌리의 전략을 포기할 수는 없다고 생각한다. 우리가 위로 올라가면 되는 게 아니라 위계를 뒤엎어야 한다는 주장은 아직 쓸모가 남았기 때문이다. 그리고 닥쳐올 여러 위기들에 대응하려면 우리의 조직된 힘이 필요하다. 타협이 결탁은 아니듯, 불화가 무조건 싸우자는 것도 아니다. 필요하면 제도를 활용해야 하지만 우리의 힘을 조직해야 그 속도를 조절할 수 있다고 생각한다. 잡초처럼 끈질기게 조금 더 버텨 보자.

(2022. 7. 19.)

소설 『1984』를 닮아 가는 한국 현실

2023년 9월 5일 참여연대는 제21대 국회가 임기를 마치기 전에 규명해야 할 10대 과제를 발표했다. '대통령실의 해병대 수사 축소·외압 의혹 진상 규명', '관저 이전 의혹 진상 규명 및 대통령실 투명성 검증', '감사원·사무총장 권한 남용 진상 규명', '대통령 일가 서울~양평 고속도로 특혜 의혹', '10·29 이태원 참사 진상 규명·후속 조치 점검', '일본 핵 오염수 투기 중단 요구 계획', '캠프 데이비드 선언 검증·국회 동의 요구', '누더기가 된 전세 사기 지원 대책 점검', 'LH 아파트 철근 누락 사건 책임 규명·재발 방지 대책 마련', '삼성물산 불법 합병으로 인한 정부와 국민연금의 손해배상 책임 추궁' 등이다. 이렇게 국회가 풀어야 할 정치의 숙제들이 엄청나게 쌓여 있음에도, 제21대 국회는 손을 놓아 버렸다.

여당과 야당으로 쪼개져서, 자신들이 국정을 감시하고 조사하는 헌법기관이라는 점을 망각해 온 국회가 제 몫을 할 수 있을까? 168석이나 되는 의석을 가지고도 행정부에 끌려 다니는 더불어민주당이 여소야대라는 판세를 제대로 활용할 수 있을까? 111석의 힘으로 상임위나 본회의에서 정부를 옹호하기만 하는 국민의힘이 '국회'의원이라는 점을 자각할 수 있을까? 거대 정당 중심으로 움직이는 국회 구조에서 정의당을 비롯한 소수 정당들이 활약할 수 있을까? 더구나 내년은 총선이 있는 해라 의원들의 마음은 국회가 아니라 지역구에 있을 것이다. 해결되지 않고 계속 쌓여만 가는 숙제들은 과연 누가 풀어야 할까?

곳곳에서 드러나는 빅브라더 징후들

국회가 무능해진 상황에서 윤석열 대통령은 '이념 전쟁'으로, 타협이 어려운 반정치적인 전선을 만들었다. 그러면서 이동관, 유인촌처럼 구시대적일 뿐 아니라 블랙리스트를 만들었다고 비판받던 인물들을 앞세우고 있다. 윤 대통령은 동북아시아의 위기가 심화되고 있는 이 시기에 하필이면 극우적인 발언을 일삼고 군사 쿠데타를 정당화했던 이를 국방부 장관으로 앉히려 하고 있다. 더구나 검찰과 경찰, 군대 같은 국가의 주요 공권력에 대한 민주적인 통제도 이루어지지 않고, 툭하면 벌어지는 압수 수색은 시민사회를 겁박한다. 따져 봐야 할 정책들은 다른 논란으로 덮이고 중요한 쟁점들은 은폐된다.

지금의 한국 상황을 보고 있으면 조지 오웰의 소설 『1984』가 생각난다. 제대로 된 논의 과정도 없이 시민단체는 이권 카르텔로, 노동조합은 기득권 집단으로, 언론은 가짜 뉴스로, 예술가는 선동의 전위대로 내몰려 정치적인 숙청을 당한다. 민주주의 운동가가 민주주의를 위협하는 사람으로, 전임 정부가 반국가세력으로 내몰리니 사고의 경계가 흐려진다. 안전한 핵 오염수, 사과 없는 화해, 책임 없는 안전과 같은 모순된 상황들은 다른 생각을 막고 사유를 지배하려는 '뉴스피크(newspeak)'를 떠올리게 한다. 더구나 한·미·일, 북·중·러의 대립 구도는 소설 속의 분할된 세계상과 닮아 간다.

물론 지금의 현실이 소설 속 상황보다는 분명히 낫다. 밤중에 감쪽같이 사라지는 시민들은 없고, 시민들의 삶을 실시간으로 감시하는 사상경찰이 노골적으로 드러나지 않는다. (물론 가능성은 있다.) "전쟁은 평화다, 자유는 속박이다, 무지는 힘이다"라고 부르짖는 빅브라더도 보이지 않는다. 사회의 불평등이 심각하지만 아직은 완전히 계급으로 나눠지지는 않았다.

그렇지만 그 점에 안도하기에는 상황이 점점 더 나빠지고 있다. 권력이 수단이 아니라 목적이 된 사회에서는 누구라도 박해를 받는 희생양이 될 수 있고, 약자의 설 자리는 좁아진다. 정치의 파국은 그 영역의 붕괴로 끝나지 않고 사회 전체에 영향을 미친다. 이 파국과 붕괴는 시민들의 공통감각을 완전히 해체시킬 것이다.

헌법기관들부터 자기 몫을 해야

여야를 떠나 국회는 행정부를 감시·비판하고, 사법부는 시민의 권리를 침해하는 권력을 통제해야 헌법기관으로서의 가치를 인정받을 수 있다. 그러지 않는다면 헌법에 대한 동의는 부정되고, 불평등한 현실에 대한 시민들의 불만과 불안은 증오와 공포로 증폭될지 모른다.

그런 상황은 치안과 통치를 내세우는 권력에 더욱더 유리하고, 내치가 불안해질수록 권력이 의도적으로 외부와의 갈등을 선택한다는 건 정치학과 역사의 오랜 교훈이다. 그런 점에서 우리는 지금 매우 위험하고 중요한 시기를 살고 있다.

소설 속 주인공 윈스턴은 저항을 선택했지만 결국엔 모진 고문을 받고 빅브라더를 받아들이며 목숨을 잃는다. 지금 우리는 어떤 선택을 해야 할까?

(2023. 9. 18.)

비상계엄 —'법괴'와 저항권

느닷없던 비상계엄은 곧바로 거리로 뛰쳐나온 시민들과 신속하게 국회로 모인 의원들 덕에 곧바로 해제되었다. 뉴스 시청과 집회 참여의 피로에 시달리며 기다리던 탄핵 소추안도 어렵사리 가결되었다. 이 정도까지 했으면 마음이 좀 편해져야 하는데, 헌법재판소로 넘어간 공이 어디로 튈지 알 수 없어 조마조마하다. 심지어 윤석열과 그 일당은 끝까지 싸우겠다고 선언했고 지금도 정부는 위태로워 보인다.

법을 앞세운 괴물들

이번 내란은 법을 무시하지 않고 법을 이용했다는 점에서 이전과 다르다. 윤석열은 일단 반대파를 체포해서 조사하다 보면 뭐라도 나올 거라는, 법은 해석의 여지가 있으니 나중에 절차적인 정당성을 확보하면 된다는 검사 시절의 습관을 따랐을 것이다. 외부의 적극적인 저항과 내부의 소극적인 태업이 없었다면, 그들의 시도는 성공하고 내란은 합법화되었을 것이다.

지금도 윤석열을 옹호하는 세력들은 계엄이 법에 보장된 대통령의 권한이니 문제가 없다고 주장한다. 하지만 법에 따른 어떤 해석이 가능하든, 총을 든 군대를 자신의 정치적 반대파와 시민들에게 보낸 자를 우리가 정치인으로 받아들여야 할까? 법으로만 따지면 헌법재판소가 탄핵을 인용하지 않을 경우 권한을 돌려받아 내란의 수괴가 다시 대통령이 된다. 물론 이전과 같은 권한 행사는 어렵겠지만, 내란 수괴를 수괴라 부르지 못하고 범죄자를 범죄자라 부르지 못한다면 그것은 민주주의인가?

지금 법과 권한을 내세워 나라를 혼란으로 몰고 가는 세력의 핵심에 법조인들이 있다. 윤석열의 등장 자체가 그 흐름을 탄 사건이고, 지금도 계엄을 옹호하는 국민의힘의 핵심 인물들, 나경원, 권성동, 권영세, 주호영, 김기현 모두 판검사 출신이다. 이들은 법을 몰라서가 아니라 법을 잘 알기에 '다툼의 여지'를 노리고 그 여지로 민주주의를 파괴하고 있다. 합법성을 내세운 법괴들은 그 법의 정당성이 민주적인 합의에 있다는 점을 무시한다.

민주주의의 보루로 여겨지는 국회에서도 법조인은 가장 많은 직업군이다. 제22대 국회의 법조인 비중은 61명(20.3%)으로 지난 20년 중 가장 많다. 2024년 1월에 국회입법조사처가 발표한 '국회와 주요국 의원의 직업적 배경 비교'에 따르면 다른 나라에서는 법조인 출신 의원 비율이 감소하고 있는데 한국은 역행하는 셈이다. 이 발표에 따르면 법조인들이 국회로 들어가도 법안 발의나 가결률 등 전반적인 입법 활동의 성과 측면에서는 차이가 없다. 정치의 사법화 현상이 점점 더 심해지는 것은 이런 국회 구성과 무관하지 않을 것이다.

헌법에 저항권을 명시하자

법이 민의를 따르지 않거나 선택적으로 적용되는 나라에서 민주주의는 언제나 위험할 수밖에 없다. 이것은 1987년 체제의 한계가 아니라 처음부터 비민주적이었던 국가 건설 과정의 문제다. 따라서 지금 새로운 정치 질서가 필요한 건 사실이지만, 그것만으로 새로운 나라를 만들지는 못할 것이다. 그 새로운 나라에도 위법한 비상계엄을 정당한 통치권 행사라고 부르는 세력들이 여전히 존재할 것이고, 그들이 기득권을 포기하지는 않을 것이기 때문이다.

그런 점에서 제도를 어떻게 바꿀 것인가보다 중요한 것은 어떠한 제도든 그것이 올바로 작동하도록 강요할 정치적인 힘을 만드는 것이다. 그 힘만이 법괴를 몰아낼 수 있다. 지금 불의한 권력에 맞서며 새로운 연대를 경험하고 있는 시민들이 그 힘을 이어 갈 수 있는 방법이 필요하다. 이제 시민불복종은 일시적인 사건을 넘어 권력이 민주적인 정당성을 확보하도록 강요할 수 있어야 한다.

그 한 가지 방법으로 시민의 기본적인 자유와 권리를 침해하거나 헌정 질서를 어지럽히는 부당한 공권력에 저항하는 것이 시민의 권리이자 의무라고 헌법에 명시하면 어떨까? 대한민국 헌법 전문에 불의에 항거한 4·19 민주 이념을 계승한다는 내용이 있지만 저항권이 조항으로 명시되어 있지는 않다. 혁명을 경험한 여러 나라들이 시민의 저항권과 관련된 규정을 헌법에 마련하고 있는 점과 대조적이다.

이미 시민들이 꾸준히 저항해 왔고 앞으로도 저항할 수밖에 없는 상황이라면, 그 권리를 구체적으로 인정하는 것이 옳다. 이 땅의 민주주의를 지켜 낸 게 시민의 힘이라면, 정말 시민과 함께 민주주의를 실현하겠다면, 그들의 저항권을 인정하라. 시민불복종과 민주적인 법치는 동전의 양면이다.

(2024. 12. 23.)

계엄으로 드러난 한국의 봉건성

2024년 12월 3일의 비상계엄 이후 두 달이 흘렀다. 그동안 여러 정황이 밝혀지면서 사태가 빠르게 수습될 거라 기대했지만 현실은 반대로 가고 있다. 단호한 처벌과 신속한 정국 안정은 커녕 계엄을 지지하거나 그에 동조해 폭력을 행사하며 공포를 조장하는 무리들까지 등장하고 있다. 한국은 민주공화국이 아니라 기득권을 가진 자들의 귀족정으로 회귀하는 듯하다.

21세기에 군대와 종교가 정치 개입?

민주공화국에서 군대는 정치적 중립을 지키고 시민을 보호해야 한다. 이것은 문서상의 당위적 규정이 아니라 여러 차례의 군사 쿠데타를 경험하며 시민사회가 피로 새긴 철칙이다.

그런데 비상계엄을 모의하고 실행하는 과정에서 군대는 마치 사조직처럼 움직였다. 더 심각한 문제는 성추행으로 불명예 전역된 민간인이 군 조직과 모의하고 명령을 내렸다는 점이다. (심지어 헌법재판소에 출석한 김용현은 노상원을 마치 현역인 듯 꼬박꼬박 장군이라고 불렀다.) 군대가 공식적인 지휘 계통을 무시하고 민간인의 지시를 따른 배경에는 육군사관학교가 있다. '계엄버거'와 같은 말로 희화화되고 있지만, 이것은 민주주의에 대한 심각한 도전이다.

물론 위·영관급 젊은 장교들이 비상계엄에 대해 부정적인 의견을 밝히기도 했지만 육사의 자기반성은 없었다. 오히려 김용현의 육사 동기들 다수가 계엄을 지지한다는 기사가 보도되었고, 8백여 명의 예비역 장성이 속해 있다는 대한민국수호예비역장성단은 탄핵을 공개적으로 반대했다. 이런 군대를 두고 정치적 중립을 논할 수 있을까? 기수와 파벌에 복종하는 봉건적인 문화가 바뀌지 않는 이상, 군대는 민주주의에 대한 위협이다.

경찰도 마찬가지다. 만약 탄핵을 찬성하는 쪽이 서울서부지법 폭력 사태를 일으켰다면 이후에 어떤 일이 벌어졌을까? 가담자를 엄하게 처벌하는 수준을 넘어 경찰은 배후를 캔다며 수많은 시민사회단체들을 압수 수색하고 그 대표나 실무자들을 줄줄이 소환했을 것이다. 하지만 지금은 누구나 아는 그 배후에 대해 엄포만 놓고 있다. 현실 권력을 등에 업은 종교 앞에서 공권력이 망설이고 있다.

한국에서 종교가 정치에 개입한 역사는 오래지만 이렇게 노골적, 폭력적으로 개입한 적은 거의 없었다. 전광훈은 일개 목사가 아니라 2019년 한국기독교총연합회 대표회장으로 당선된 사람이고 보수 기독교계를 대표하는 인물이다. 문재인 정부를 공산주의로 몰아붙이며 국민의힘에 영향력을 행사했고, 2021년에는 국민혁명당을 만들어 직접 당대표를 맡았다. 그는 다른 교회들과 갈등을 일으키기도 했지만, 동성혼과 낙태 반대 등에서 교회의 목소리를 대변하며 힘을 키워 왔다. 반공주의와 혐오를 뒤섞은 기괴한 십자군이 종교재판이라도 열 듯 극성을 부리는데, 공권력이 이를 통제하지 못하고 있다.

폭력적인 사태를 일으키지 않더라도, 우리 편이 아니면 악이고 악을 제거해야 선을 실현한다는 극단적인 종교의 세계관은 정치에 악영향을 미친다. 이런 세계관에서는 토론이 불가능할 뿐 아니라 상대와의 타협 역시 어렵기 때문이다.

계엄에 숨죽인 재벌들

이처럼 시끄럽게 드러나는 세력이 있는 반면, 조용히 숨죽이며 드러나지 않으려는 세력도 있다. 환율이 요동치고 경기가 심하게 위축되어 박근혜 탄핵 때보다 경제 충격이 심한데도 재벌이나 한국경제인협회는 침묵하고 있다.

윤석열은 '자유 시장'을 부르짖었지만 가는 곳마다 재벌 총수들을 들러리로 세웠다. 해외나 국내를 돌아다닐 때 동행했던 재벌 총수들은 지금의 사태를 어떻게 판단할까? 박근혜 탄핵 때 약속했듯이 재벌들은 정경 유착의 고리를 스스로 끊었을까? 전문 경영보다 권력과의 유착을 택해 온 재벌가들이 조용한 데는 분명 이유가 있을 것이다. 문제는 이 비리를 파헤쳐야 할 정치의 관심이 온통 조기 대선에 쏠려 있고 선거는 재벌들에게 유리한 면죄부가 되어 왔다는 점이다.

공공연하게 오너 리스크가 기업의 가장 큰 위험이라고 얘기해도 재벌의 가신 체제는 변함이 없었다. 기업의 실패 책임은 오너가가 아니라 노동자와 시민에게 전가되었고, 그것이 심각한 불평등을 심화시키고 사회적 불만의 저수지, 공정의 검투장을 넓혀 왔다. 그것이 극우의 온실로 되었으니 지금 상황에는 재벌의 책임도 크다.

고름을 짜 내지 않으면 상처는 언제든 다시 곪는다. 고름을 짜 낼 정치가 필요하다.

(2025. 2. 3.)

선거 이후의 민주주의

다음 주면 새로운 대통령이 선출되고, 선출과 동시에 임기를 시작한다. 하지만 내란의 우두머리가 거리와 영화관을 활보하고 그를 비호하거나 이용하려는 세력들이 권력을 놓지 않는 상황이라, 시민들의 근심은 쉽게 줄어들지 않을 것 같다. 더구나 선거 이후에도 정치에 개입하려는 법적인 다툼과 본질을 가리는 혐오는 계속될 듯하다. 여대야소의 상황이 되더라도, 지난 정치사를 살펴보면 선거 이후 갈등이 더 심해지거나 그로 인해 정계 개편이 이루어지곤 했다.

선거의 반민주적인 잠재력

그리고 헌법 개정부터 차별금지법과 공공재생에너지법 제

정, 의료와 연금 체계 개혁까지 중요한 사회 의제들의 진전도 후보들의 토론회를 보면 쉽지 않을 것 같다. 단순한 인식의 차이라면 거리를 좁히면 되겠지만, 배후의 이해관계는 차이를 내세워 논의의 진전을 가로막는다. 의제를 실현하라는 시민사회의 요구가 강해질수록 제도 정치는 내란의 터널에서 나오려 하지 않을 것이다.

더글러스 러미스는 『래디컬 데모크라시』에서 시민들이 만든 급진적인 변화의 불씨와 민주주의를 요구하는 운동이 선거를 맞이해 빠르게 수그러드는 현상을 반복적으로 경험하며 "민주적인 선거의 반민주적인 잠재력"을 지적했다. 선거는 공적인 행동에 나섰던 시민들의 요구와 희망을 정치인에 대한 지지나 반대로 대체하고, 바로잡아야 할 분명한 불의를 추상적인 구호로 바꾼다. 선거 이후에는 시민들이 정의롭지 못한 일상으로 복귀하기에 정치인들은 선거 기간 동안 잠시 움츠릴 뿐 권력을 돌려줄 생각을 하지 않는다. 그래서 모든 선거는 아니지만, 어떤 선거는 민주주의에 해롭다.

그리고 네드 오거먼은 『모두를 위한 정치』에서 시민들이 '선거·오락 복합체'에 사로잡혀 있다고 주장한다. 정치가 비즈니스로 변한 세계에서 정치인은 시민들의 극적인 취향을 충족시켜 주는 스타이자 쇼호스트이다. 정치 뉴스를 즐기든 즐기지 않든 "방송이 정치를 접하는 유일한 수단이기 때문에 우리는 선정적이거나 음모론에 기반하거나 순전히 어리석은 정치 보도에 말려든다." 이런 정치를 비판하는 사람들조차 정치가 합리적인 토론과 합의에 기반을 두어야 한다는 생각이 이상적이고 공허하다는 점을 인정하면서 낙심한다. 사람들은 여러 매체를 통해 많은 정보를 얻고 더 많이 발언하지만, 해피엔딩을 원하는 '시청자'의 역할에 머문다.

당신이 열광하든 냉소하든

어쩌면 한국의 시민들만큼 이런 부조리를 잘 알고 있는 사람들도 없을 것이다. 시민들이 힘겹게 일군 변화의 가능성을 매번 정치인들이 마무리하며 그 성과를 챙기고 시민을 정치의 들러리로 만들어 왔다. 정치인들의 선정적인 충돌은 정치적인 조정 과정이나 성찰 없이 사법적인 판단으로 이어졌고, 정치를 보조해야 할 법이 정치 앞에 나서는 결과를 초래했다. 선거는 선출되지 않은 엘리트들이 행정부와 사법부의 경계를 넘어 국회로 진출하는 비민주적인 상황에 정당성을 부여했고, 삼권분립의 취지는 무의미해졌다. 엘리트들이 정책을 좌우하면서 정책 결정 과정은 폐쇄적으로 변해 갔고, 그 불투명함은 음모를 부추기는 정치 오락의 소재가 되기 쉬웠다. 따라서 근본적인 변화 없이는 민주주의가 불가능한데, 정작 그 변화를 이끌어 갈 세력이 없다.

그렇다고 선거와 정치를 회피하거나 포기하자는 건 아니다. 열광하든 냉소하든 정치적인 결정은 개인적이고 사회적인 삶에 큰 영향을 미친다. 각오할 것은 민주주의 실현이 점점 더 어려워지고 정치에 관심을 가지는 만큼 더 많은 스트레스를 받게 된다는 점이다.

그런 점에서 선거는 정치적인 스트레스를 잠깐이나마 날려주는 시원한 이벤트일 수 있다. 하지만 그 이벤트의 효과는 그리 오래가지 않고 선거 결과에 따라 긴 후유증도 생긴다. 그러니 신중하게 한 표를 행사해야 하지만, 그 한 표의 의미를 지나치게 무겁게 여길 이유는 없다. 지금의 조건에서는 선거를 통해 민주주의가 실현되기 어렵다.

우리는 기후와 생태계의 위기, 사회경제적 불평등의 해소와 존엄한 삶이라는, 어렵고 시한이 임박한 숙제를 꽤 긴 논의를 거쳐 풀어 가야 한다. 매우 어려운 숙제이지만 다행히도 그것을 푸는 데 도움이 될 정책은 이미 꽤 많이 제시돼 있다. 그것을 실행하면서 문제를 점검하고 보완할 정치가 아직 작동하지 않고 있을 뿐이다. 우리가 선거 이후 실천해야 할 정치는 어떤 형태일까? 민주주의는 그 정치에 달려 있다.

(2025. 5. 26.)

나의 '동료' 시민을 어떻게 찾을까?

얼마 전에 우리 집 청소년과 각시가 말다툼을 해서 가 봤더니 대뜸 "아빠도 페미니즘을 지지해?"라고 묻는다. "아빠는 페미니즘을 지지하는데"라고 답하자 살짝 실망한 눈초리다. 논쟁은 영화 〈파일럿〉으로 가볍게 시작해서 여자 축구에 대한 지원으로 맥락 없이 흘렀던 것 같다. 남자 축구에 대한 지원도 부족한데 왜 실력이 부족한 여자 축구를 지원하느냐는 '불만'과, 축구만이 아니라 다른 모든 영역에서 여성들의 참여가 제한을 받는 현실에 대한 '비판'이 팽팽히 맞서고 있었다.

이야기를 들어 보니 청소년의 불만은 평등한 사회를 부정하거나 약자를 차별해야 한다는 의도보다 능력에 따라 보상을 받아야 한다는 능력주의에 가까웠다. 집에서 여성 차별의 현실을 잘 겪지 못한 청소년에게 각시의 이야기는 와 닿지 않았고, 남자 중학교에서 또래들이 유튜브로 공유하는 정보는 인식의 차이를 좁히지 못하게 했다.

일단은 그 생각의 차이를 확인하는 선에서 논쟁을 끝냈고, 우리는 다시 같이 농담하고 밥 먹고 껴안는 사이로 돌아갔다. 그래도 아무것도 바뀌지 않은 건 아니다. 청소년은 아빠가 페미니즘을 지지한다는 사실을 알게 되었고, 나는 청소년이 어떤 이야기들 속에 살고 있는지를 알게 되었으니. 나와 청소년 모두 서로가 처한 현실에 관해 더 생각해야 하고, 서로 합의를 볼 시간이 빨리 오거나 오지 않을 수도 있다. 그래도 대화를 계속 나누면서 그때를 기다려야 하지 않을까.

계급에 대한 자각과 대화

작년 12월, 윤석열의 비상계엄이 실패한 이후, 그를 지지하며 거리로 쏟아져 나온 극우 세력에 대한 경계의 목소리가 높아졌다. 갑작스런 등장은 아니었지만 서부지방법원 난입 사건은 폭력에 대한 공포까지 자극했고, 사회의 관심이 커진 만큼 분석과 처방에 관한 이야기도 늘어났다. 그 처방으로 많이 얘기되는 것이 공교육이나 민주 시민 교육의 강화인데, 그것으로 충분할까? 지금 현상은 새로운 극우의 등장이 아니라 극우의 결집과 정치 세력화, 혐오를 공유하는 정치와 종교의 결탁, 양당 구조의 고착화처럼 고질적인 문제들에서 비롯되었는데, 교육이 정말 구원 투수가 될 수 있을까?

물론 변화의 계기는 필요하지만 그것이 교육의 '강화'로 찾아질 수는 없을 것 같다. 그동안 마을 공동체, 주민 자치, 사회적 경제, 민주 시민 교육 등 다양한 형태로 많은 교육과정들이 진행되었음에도 왜 이런 상황이 왔을까? 소통과 관계, 신뢰와 공동체를 강조하는 교육들이 왜 극단적인 혐오나 민주주의에 대한 부정을 막지 못했을까? 이런 질문에 대한 답이 먼저 필요하다고 생각한다.

『페다고지: 억압받는 사람들을 위한 교육학』을 쓴 파울로 프레이리는 우파와 기득권의 세계관을 비판했지만 좌파의 분파주의도 비판했다. 자신들만의 확실성을 주장하며 논리를 진리로 바꾸려는 좌파의 분파주의도 우파의 논리만큼 위험하다고 본 것이다. 프레이리는 민중을 해방시키는 건 새로운 내용으로 민중을 의식화하는 것이 아니라, 억압을 당하는 사람들이 역사의 과정에 책임 있는 주체로 참여하는 것이라고 봤다.

책임 있는 주체가 되려면 무엇이 필요할까? 가장 먼저 필요한 건 말을 건네는 사람부터 자신의 위치를 자각하는 것이다. 프레이리는 『희망의 교육학』에서 그 고백으로 글을 시작한다. 자녀를 때리지 말고 사랑으로 대해야 한다는 당위적인 강연을 하던 프레이리는 가난한 사람들이 생활하는 집이나 희망을 꿈

꿀 권리가 없는 삶, 선택의 여지가 없는 삶에 관해 아는지를 묻는 농부의 질문을 받고 '계급적 지식'을 깨달았다고 고백한다. 억압을 당하는 사람들이 억압하는 자들의 세계를 수용하게 되는 구체적인 현실을 파악하지 않고, 당위적인 주장으로 그들의 침묵을 설득하려는 좌파의 시도는, 진정으로 급진적인 정치를 방해한다. 극우와 관련한 이런저런 처방전이 불편했던 이유는 자기 위치에 대한 자각 없이 당위를 설득하는 목소리가 많이 들려서였다.

국민을 계몽하기 위해 비상계엄을 선포했다는 윤석열의 논리나, 극우의 세계관을 계몽의 빛으로 선도해야 한다는 논리는 다를까? 민주 시민 교육을 통해 극우 논리의 확산을 막아야 한다는 주장은, 좌경화된 교육 헤게모니를 탈환해야 한다는 우파의 주장과 또 얼마나 다를까? 내가 너희에게 진실을 알려 주마, 하며 음모론을 설파하는 유튜버들과는 또 무엇이 다를까? 자기 위치에 대한 자각 없이 뱉어지는 말들이 새로운 세계를 열긴 어렵다.

프레이리에 따르면 피억압자는 억압자의 견해를 내면화하면서 자신을 비하하거나 폭력성을 드러낼 수 있는데, 대화는 그것을 억누르거나 피하지 않고 그 속에 들어가려는 시도라고 한다. 그와 나를 다른 존재라고 분리시키지 않고, 우리가 세계 속에 함께 존재함을 드러내고 인정하고, 그와 더불어 참된 사고와 행동 방식을 발견해 내려는 시도가 바로 대화이다. 프레이리는 이런 수평적 관계에서 이 세계를 새롭게 이름 지으며 비판적 사고를 활성화하는 것이 대화라고 봤다.

일방적인 교육보다 대화에서 시작해야 한다고 생각하는 이유는 우리의 공통감각이 사라졌기 때문이다. 상식은 같은 세계에 사는 사람들이 공유하는 감각과 배경 지식인데, 지금은 그 상식이 무너졌다. 정보를 습득하는 방식과 사용하는 언어, 해석의 기준, 가치 지향, 모든 것이 달라지고 있는데, 지식을 전달하는 교육을 통해 인식과 세계관의 차이를 바로잡겠다는 발상은 얼마나 시대착오적인가. 지금 우리는 세계를 새롭게 이름 지으며 서로의 공통성을 찾아가는 긴 여정을 시작해야 한다.

우리 안의 허약한 민주주의

'내란에서 내전으로'라는 말이 이렇게 현실감 있는 언어로 다가올지 누가 알았을까? 내전은 적대적인 두 세력이 체제의 주도권을 놓고 격렬하게 충돌하는 상황을 가리킨다. 이런 폭력적인 상황에서 대화가 실제로 가능할까? 대화조차 제대로 되지 않는데 협상이나 타협, 화해가 가능할까? 이렇게 생각하면 마음이 조급해진다.

하지만 지금은 우리부터 차분히 돌아볼 때이다. 몇 년 전부터 태극기 부대의 집회를 볼 때마다 저거 예전에 우리가 썼던 방식인데, 저런 건 또 언제 베꼈나, 이런 생각을 하게 된다. 최근에는 국민 저항권까지 언급하는 모습을 보며 그들의 논리가 어디까지 따라올까, 하는 걱정과 함께 우리의 방법이 차별성을 잃어버렸다고 생각한다.

서로의 언어도 비슷해진다. 우리가 그들을 '기득권'이라 불렀다면 그들 역시 '좌파 기득권'이라는 언어를 따라 쓴다. 사람이 어떻게 그럴 수 있어, 라는 말은 서로가 서로에게 쓴다. 우리가 서로를 격려하고 지지하듯이 그들도 격려하고 지지하고 있을 것이다. 깃발만 가리고 보면 우리가 어디에 서 있는지 알아보기도 어렵다. 그리고 거리에 나오는 태극기 부대는 우리와 멀리 떨어진 사람들도 아니다. 어쩌면 같은 학교, 직장, 마을 내에 공존하는 사람들이다. 이들과 같이 지내는 법을 연습해야 한다는 이야기도 있지만, 우리는 과연 어느 선에서 관계를 맺으며 살아야 할까? 그 경계선을 정확히 알고 있는 사람이 있을까?

뫼비우스의 띠처럼 이어진 세계는 다른 듯 닮아 있다. 그런데 어쩌면 이 곤란함이 우리의 가능성일지 모른다. 안팎의 구분 없이 하나로 이어져 있다면, 우리를 변화시키는 것이 그들도 변화시키는 길일 수 있다. 다만 우리 안의 민주주의가 극우를 설득하고 바꿔 낼 수 있을 만큼 정말 단단할까? 1인 1표의 민주주의, 형식적인 민주주의 운영 구조, 영향력 있는 인물에 의존하는 활동 방식, 성과 중심의 평가 방식은 일정한 성과를 거뒀지만, 실질적인 민주주의를 보장하지 못했다. 민주화 이후 일상과 생활의 민주주의는 오히려 더 약해진 느낌이다.

앞서 말한 주민 자치, 마을 공동체, 사회적 경제, 어디에서도 민주주의가 강해졌다는 느낌을 받지 못한다. 서로의 관계가 두터워지거나 공동체가 만들어지는 것이 민주주의의 바탕이긴 하지만 그 자체가 민주주의는 아니고 오히려 반대일 수도 있다. 민주주의에 대한 회의감이 짙어지는 건 사회의 구조적인 변화가 더딘 점도 있지만, 일상과 생활에서 민주주의를 체감할 수 없기 때문이기도 했다.

극우나 보수가 따라오지 못할 만큼 진보적인 민주주의를 재구성한 이론은 아직 보지 못했다. 그러니 교육에 앞서 우리의 민주주의를 다시금 강화하는 것이 뒤틀린 세상을 바로잡는 길이기도 하다.

수용소로 향하지 않을 방법

서부지방법원 난입 사건 이후 많은 사람들이 파시즘의 출현을 언급했다. 나 역시 파시즘과 관련된 책을 자꾸 뒤적거리게 된다. 한나 아렌트는 『전체주의의 기원』에서 파시즘의 동력이 되었던 '분노한 대중'의 출현에 주목했다. 근대로 들어선 대중은 자신들의 신분과 정체성을 규정하던 봉건 질서가 해체되고 홀로 경쟁과 불안에 노출되면서 점점 더 타인에 대한 관심을 잃고 사적인 욕망에 휘둘리기 시작했다. 자신과 국가를 이어 줄 관계와 조직을 잃어버린 대중은 국가에 대한 위협을 자신에 대한 위협으로 받아들이며 분노했다. 파시즘에 필요했던 아래로부터의 동력은 이렇게 불안과 분노에 떨며 언제든지 국가의 부름을 받을 준비가 된 대중이었다. 전체주의 운동은 원자화된 분열과 엄청난 경쟁에 노출된 대중을 동원해 기성 질서를 공격했다.

아렌트는 이 대중에게서, 자기중심적인 비통함(self-centered bitterness)이란 감정에 주목했다. 타자를 상실하고 공적인 세계에서 밀려난 개인은 결정을 내리거나 타인과 관계를 맺을 때 고통을 피하려 하고, 타인과 논쟁할 때도 감정이 받은 상처에 울컥해 논리를 무시하곤 했다. 뭉쳐져 있지만 자기 안에 갇힌 개인들, 그래서 매우 활동적이지만 무리가 없으면 무기력하고 약한 존재들이다. 아렌트는 대중을 홀로 놓아두면 얼마나 무력한 존재인지, 얼마나 고독을 견디지 못하는지가 금방 드러난다고 봤다. 이 대중의 모습은 지금 좌와 우 모두에서 발견된다. 그래서 우리는 타자를 대면하려는 용기를 내기가 어렵고, 우리 역시 끊임없이 뭉쳐져 있으려 한다.

물론 제1차 세계 대전을 경험했던 당시와 지금을 단순 비교할 수는 없다. 그렇지만 급격한 1997년 IMF 경제 위기와 대

규모 구조 조정, 그 이후 재벌 중심의 하청 구조와 사회 양극화의 심화, 2008년의 금융 위기, 2020년의 코로나19 팬데믹을 경험한 우리 사회는 자신을 보호해 줄 공동체를 잃고 불안에 떨며 분노를 표출할 약한 상대를 찾고 혐오를 뿜어내는 대중을 만들어 냈다.

만일 이 불안하고 분노한 대중이 파시즘으로 향한다면 이 세계는 어떻게 될까? 당시 아렌트는 '수용소'라는 장소에 주목했다. 아렌트에게 수용소는 물리적인 공간인 동시에 우리가 타자와 만나고 헤어지는 방식을 뜻하는 장소였다. 사람들을 강제로 감금하는 수용소는 전체주의의 실험실이자 수용소 밖의 사람들에게 보내는 강력한 메시지였다. 인간으로서의 존엄과 개성, 다양성을 잃고 삶에만 집착하게 된 수용소 내부의 존재는, 살아 있지만 사실상 죽은 존재인 산송장(the living dead), 요즘 말로는 좀비가 된다. 수용소 밖의 사람들도 그 수용소를 보며 두려움에 타자의 존재를 하나씩 지우며 산 자의 세계를 산송장의 세계로 만든다.

이 수용소에 이르기 전에 멈추려면 어떻게 해야 할까? 매우 어려운 질문이지만, 가장 쉽게 시작할 수밖에 없다. 누구나 어렴풋이 그 답을 알고 있다. 나의 동료, 동료 시민이라고 부를 수 있는 이는 누구이고 어디에 있을까? 그 사람을 찾기 위해 우리는 어떤 위험을 감수하고 어떤 모험을 떠나야 할까?

중요한 점은 그 과정에서 어떤 존재를 하나의 속성으로 환원하면 안 된다는 점이다. 인간이든 비인간이든 다양한 속성을 동시에 가질 수 있는 존재이고, 그렇기에 때론 위협적이고 때론 호혜적이다. 기후위기를 비롯한 사회 위기가 더욱더 심화될 것이라는 점을 고려하면 존재의 모순은 더욱더 심하게 드러날 것이고 매순간마다 불안이 찾아올 것이다. 하지만 어쩌겠는가. 수용소로 향하지 않도록 서로의 힘을 모아야, 그리고 함께 삶의 의미를 찾아야 하지 않을까. 그것이 지금 시대의 민주 시민 교육이 아닐까.

(『오늘의 교육』 2025년 3-4월호)

4부

정책 실패의 진짜 주범, 관료주의

민주화와 관료들의 전성시대

독일의 사회학자 베버는 관료제를 쇠창살(iron cage)이라 불렀다. 베버는 관료제의 도구적 합리성이 다른 가치나 윤리, 초월성을 압도하면 기계적인 계산과 영혼 없는 통제가 사회를 지배할 것이라 봤다. 민주주의가 이런 도구적 합리성을 극복할 수 있으리라 생각하지 않았고, 오히려 관료제가 민주주의를 압도할 것이라 그는 믿었다.

안타깝게도 베버의 오래된 예측은 지금 이곳 한국에서 '잘' 실현되고 있다. 기업의 이해관계나 행정의 도구적 합리성이 생활 세계를 압도해도 시민의 의사소통 합리성이 이런 침입을 막아 내거나 그 힘을 회복할 것이라는 기대는 우리 사회에서 통하지 않는다. 권력과 화폐의 힘이 소통의 힘을 압도하고, 기계적인 통계와 계산이 공통감각의 숨통을 옥죄고 있다.

관료제라는 쇠창살

역설적이지만 한국의 민주화는 관료제의 힘을 빼기는커녕 그 힘을 강화시켰고, 민주화와 복지국가를 지향하면서 관료 기구의 규모는 계속 커졌다. 2024년 연말 기준으로 볼 때 지방 공무원을 합친 전체 공무원의 수는 117만 명을 넘는다. 인구의 50명 중 한 명은 공무원이라는 얘기이다. 교사가 그중 31.7%를 차지하긴 하지만, 결코 무시할 수 없는 숫자이다.

그리고 시민의 삶을 관리한다는 명목으로 관료들은 끊임없이 인구와 산업, 건강 상태, 기술, 가치 등에 관한 정보를 축적하고 그 관리 체계를 발전시켰다. 이런 정보의 양이 늘어날수록 관료 기구의 영향력도 더 커졌다.

또한 민주화 시기에 관료제는 조직의 합리성과 전문성을 부각하면서 힘을 길렀다. 그 전에는 최소한의 절차조차 무시되었으니 절차의 중요성이 강조되어야 하지만, 관료들이 그 절차를 핑계 삼아 시민들의 참여를 방해했고, 절차를 빌미 삼아 세부적인 진행 과정을 독점했다. 군사 정부 시절과 달리 민간 정부하에서 한국의 관료들은 자신들의 지위가 안정되고 제도화되자 조직의 이해관계를 챙기기 시작했다.

물론 관료들이 대통령이나 지방자치단체장 같은 선출직 정치인들의 의지를 무조건 거부하기는 어렵다. 하지만 자신들의 이해관계가 침범당한다고 느끼면 관료 조직은 적극적으로 저항하고 이를 민주화의 논리로 포장하기도 했다. (대표적인 조직이 검찰이다.) 예를 들어, 김대중 정부가 관료제의 개혁을 위해 개방형 임용 제도를 마련하자 관료들은 강하게 저항했다.

민주화를 거치면서 과거 권위주의적인 지도자에게 복종하던 관료제는 그 복종의 대상을 조직과 상급자로 바꿨다. 관료 조직은 권위주의 시대의 산물이던 '윗선의 지시'라는 말을 그대로 사용하면서 책임을 회피했고, 한국의 연고주의와 정실주의는 조직의 폐쇄적인 조직 문화를 강화했다. 관료 조직은 자신들이 축적해 온 방대한 정보를 활용해 국회를 무력화하였고 전문성을 빌미로 시민 참여를 가로막았다. 실질적인 내용을 채우지 못한 형식적인 민주화는, 절차를 내세운 관료제의 힘을 막지 못했다.

관료적 합리성과 공통감각의 파괴

이런 관료 제도를 개혁하려는 시도도 있었지만, 전 세계적인 신자유주의의 영향은 관료제 개혁의 방향을 민주주의가 아니라 시장으로 향하게 했다. 기업을 본 딴 표준화된 평가 시스템의 도입은 성과와 결과를 강조하는 조직 문화를 만들었고, 현실적인 힘의 격차를 무시한 수평적인 의사결정 과정은 힘에 의한 협상을 그럴듯하게 포장했다. 시민들이 요구한 참여는 거버넌스를 내세운 관료제에 포획되어 형식화되었으며, 시민사회의 언어가 관료를 닮아 가고 있다.

한나 아렌트는 관료제를 "누구도 아닌 자의 지배(rule of nobody)"라고 불렀다. 수많은 유대인을 죽음으로 몰아넣고도 자신은 공무원으로서 국가가 지시한 바를 충실히 수행했을 뿐이라는 아이히만이 대표적인 사례이다. 관료 조직은 스스로 생각하고 말하고 행동하는 방법을 망각하게 하면서 책임을 회피한다. 이런 관료제의 확산은 시민의 공통감각을 파괴할 수밖에 없다.

누구를 위한 관료제인가

국가공무원법 제1조는 공무원이 '국민 전체의 봉사자로서 행정의 민주적이며 능률적인 운영'을 기해야 한다고 규정한다. 그러나 실제로 공무원이 그렇게 행동할 것이라 믿는 시민들은 많지 않다. 오히려 공무원이 자기 자신이나 소수의 이익에 봉사하며 비민주적이고 비합리적인 방식으로 일한다고 생각하는 시민들이 더 많다. 왜 그럴까?

얼마 전까지 여러 사람과 '한국의 관료주의'라는 주제로 공부 모임을 열었다. 일제 강점기부터 현재까지 행정 조직의 변화와 관료 조직의 특징을 다룬 여러 논문과 자료들을 함께 읽으면서 서로의 고민을 나눴다. 공부를 하면 할수록, 그동안 '선출직 공무원'(정치인)에 대한 관심만큼 경력직 공무원에 대해서는 관심을 가지지 못했다는 점, 그리고 선거제도 개혁이 더디지만 행정의 개혁은 더욱더 어렵다는 점을 깨달았다.

한국 관료제의 잘못된 경로

관료제의 잘못된 첫 단추는 일제 강점기 때 끼워졌다. 일제 통치의 효율성을 위해 운영되었던 계급제식 행정 운영과 의법(依法) 전통이 한국 관료제의 골격을 만들었다. 공무원의 전문성에 기초한 직무제와 달리 계급제는 중앙정부가 인사와 행정을 관리하고, 하위 공무원을 신규 채용해서 내부 승진을 통해 고위 공무원을 충원한다. 그리고 관료 조직의 동질성을 확보하기 위해 연령과 학력을 제한하고, 정기적인 인사이동과 순환 보직을 통해 직무를 수행하도록 했다.

부서 이동과 승진이 위계적인 조직 내에서 이루어지니 상급자나 인사에 영향을 미치는 권력자의 말을 따르는 것이 중요해졌고, 개인적인 친밀함이나 학연, 지연 같은 연줄이 직무의 전문성을 앞섰다. 부당한 지시를 따르다 징계를 받아도 나중에 승진으로 보상받을 수 있으니, 사고가 터져도 윗선을 보호하는 것이 가장 중요하다. 반면에 내부 고발은 꼬리표가 따라다니는 한국에서 가장 위험한 선택이다.

그리고 공무원이 법과 규정에 얽매이는 의법 전통은 중앙집권적인 행정과 기계적이고 폭력적인 사업 집행을 정당화했다. 법은 식민지 본국에서 제정되기에 식민지의 공무원은 법의 정당성을 따지지 않고 기계적으로, 때론 공권력을 동원해 집행만 하면 되었다. 그 이상의 해석이나 역할은 개인이 책임을 져야 하니 자신과 조직을 위태롭게 한다고 교육을 받았다.

이런 의법 전통은 지방자치제도 이후 중앙정부와 지자체의 관계로 재현되기도 했다. 지방자치제도의 취지는 행정이 사업에 필요한 근거를 스스로 마련하고 시민들과 함께 책임지는 것인데, 지금도 지방 공무원들은 중앙정부의 법률과 지침만 기다리고 있거나, 그것을 핑계로 시민들의 요구를 거부한다. 심지어 법이나 지침이 계속 바뀌는데도 예전 관행대로 일을 처리하는 경우도 많다.

관료에 잠식되는 정치

이런 과정에서 자연스럽게 발생하는 것이 부패였다. 그동안 역대 모든 정부가 정권 초기에 공직자 부패 척결과 관료제 개혁을 부르짖었다. 하지만 몇몇 부서를 합치거나 없애는 것에 그칠 뿐, 그 체계를 근본적으로 손보지 못했다. 김대중 정부 때부터 개방형 직위 제도가 도입되었지만 관료들의 내부 반발로 제한적으로 시행되었고, 기존의 조직 문화를 바꾸지 못했다.

공무원의 전문성과 책임성, 민주성을 강화하는 것보다는 외환위기 이후 도입된 기업식 성과 관리와 규제 완화, 내부 경쟁 논리가 '개혁'의 탈을 쓰고 등장했다. 성과를 위해 민주주의는 후순위로 밀려났고, 직책을 이용해 기업의 뒤를 봐주고 퇴직 후 그 기업에 취업하는 '회전문 인사'가 늘어났다.

더욱더 심각한 문제는 이런 조직에서 길러진 공무원들이 민주적으로 결정을 내리고 책임을 져야 하는 정치계로 계속 진출해 왔다는 점이다. 윤석열 정부 초기 차관급 이상 고위 공직자 96명 중 관료 출신이 48명으로 절반이나 된다. 중앙선관위의 당선인 직업별 통계에 따르면 2022년 지방선거에서 당선된 광역단체장 4명, 기초단체장 38명이 관료 출신이다. 이 통계에서 정치인으로 분류되지만 그 이전 선거에서 당선된 관료를 포함하면 그 수는 훨씬 더 늘어날 것이다.

앞으로의 민주주의는 관료 조직을 어떻게, 얼마나 통제하고 변화시킬 수 있는지에 달려 있다고 말해도 지나치지 않다. 이번 폭우로 인한 참사도 마찬가지이다. 재난과 참사가 일어날 때마다 책임자 처벌, 대책 마련이 주장되었지만 실효를 거두지 못했다. 단순한 사람의 교체가 아니라, 관료 제도의 근본적인 개혁이 필요하다.

(2023. 7. 25.)

공무원은 그곳에 살지 않는다

지난달 읍에서 좀 떨어진 면에서 민주주의에 관해 강연을 했다. 같은 군이지만 차로 30분 이상 가야 하는 곳이라 평소에는 왕래가 없던 동네였다. 그곳에는 교육 이주를 한 분들이 마을의 이런저런 일을 도맡으며 활동하고 계셨다. 조금은 심심한 민주주의 이야기를 하고 같이 식사를 했다.

행사를 주최한 분들이 김밥과 샌드위치를 준비했는데, 참가한 분들이 다들 너무 좋아하셨다. 면에는 김밥집이 없고 빵집도 없기 때문이다. 인구가 줄어드는 면 지역에는 상권이 형성되지 않아 케이크라도 하나 사려면 읍내까지 차를 운전해 나가야 한다. 약국이나 병원이 없는 것은 놀랄 일도 아니다. 배달앱이나 지도로 10분 내에 먹을거리나 편의시설을 찾을 수 있는 도시와는 사뭇 다른 풍경이다.

복지는 돈 문제일까 의지 문제일까

그럼에도 왜 사람들은 그곳에 살까? 이유는 다양하겠지만 도시와는 다른 환경, 다른 분위기에서, 쫓기듯 살고 싶지 않은 마음이 컸으리라 짐작한다. 그리고 당연히 이런 선택을 하는 사람들보다 일자리, 교통, 교육 문제 때문에 반대로 지역을 떠나는 사람들의 수가 훨씬 더 많다. 뭔가 엄청난 결단을 내리며 사람들이 이주를 택하는 것 같지만, 실제로는 소소한 불편함들이 지역을 떠나게 만든다.

우리가 민주적인 사회에 살고 있다면 힘을 모아 공통의 문제를 해결해야 하고 행정이 중간에서 이를 조율하는 역할을 맡아야 한다. 만약 시장에 맡겨서 상권이 형성되지 않으면 행정이 나서서 필요한 물자를 복지 서비스로 제공하면 된다. 마을에서 그런 일을 맡을 사람들이 자리를 잡도록 공간이나 사업비를 보조하고, 거주가 어렵다면 일정한 간격으로 서비스가 제공될 수 있도록 체계를 만들면 된다. 아마도 행정을 담당하는 사람들이 그 지역에 살고 있다면, 본인들이 답답해서라도 나설 일이다. 하지만 면 단위 지역에 사는 공무원을 본 적이 거의 없다.

이렇게 마을의 복지를 주장하면, 행정은 법을 들고 나온다. 관련 시설을 운영하려면 사회복지사 자격증이 있어야 한다는 식이다. 그래서 사회복지사 자격증을 가진 사람들이 매년 점점 더 많이 늘어난다. 2002년부터 2018년까지 사회복지사 자격증을 교부받은 사람이 1급은 150만 명, 2급은 605만 명을 넘는다. 자격증이 있다고 사고가 일어나지 않는 것도 아닌데, 이러다간 마을에서 뭐라도 해 보려는 사람들이 죄다 자격증 공부부터 해야 할 판이다.

행정이 정말 주민들의 복지를 위해 존재한다면 이런 기본적인 문제부터 풀어야 한다. 하지만 지방자치제가 시행 중인데도 공무원들은 중앙정부의 지침이 없으면 움직이려 하지 않는다. 때로는 자치를 허용하는 예외 조항이 있어도 책임을 지려 하지 않는다. 하고는 싶지만 예산이 없어서 못 한다고 말하기도 한다. 이렇게 중앙·지방정부의 책임 회피에 피해를 보는 건 주민들이다. 찢어지게 가난한 재정이라 주민들에게 필요한 지원을 하기 어렵다지만, 결산서를 보면 우리 지역의 순수잉여금인 순세계잉여금(純歲計剩餘金)이 2021년에 262억 원을 넘었다. 돈의 문제인가, 의지의 문제인가?

그러면서 행정은 주민들과 함께 고민해야 할 정책 사업들을 컨설팅 회사나 대학에 연구 용역으로 맡겨 버린다. 그리고 주민들에게 갔으면 깨알같이 잘 쓰였을 돈이 이름만 번지르르한 사업비로 지출된다. 행정이 직접 계획을 하는 일은 점점 줄어들어, 작년에 연구 용역비로만 20억 원이 지출되었다. 중앙정부의 공모 사업에 참여하는 계획서도 외부 용역사에 맡기는 경우가 잦아지고 있다. 행정도 주민들의 말을 안 듣는데, 용역사가 주민들의 의견을 제대로 반영할까? 그리고 지방자치단체의 사업 계획을 용역 회사에 맡길 거라면, 대체 군청은 왜 있어야 할까? 이럴 바엔 주민들이 직접 예산을 쓰고 사업을 진행하는 편이 더 낫겠다.

지방 소멸은 그저 명분일 뿐이다

이런 상황인데도 행정은 지방 소멸이 어쩌고 하며 본인들의 자리 걱정이나 한다. 인구가 줄어도 주민들은 계속 거기 살겠지만, 행정 체계는 통합되고 줄어들 것이기 때문이다. 그럼에도 공무원들의 상당수가 인근 도시에 살아 지역 현황조차 제대로 파악하지 못한다는 건 이젠 공공연한 비밀이다. 농촌에서는 군청이 가장 큰 회사라고 말하는데, 그 직원들이 지역에 살지 않으니 그 회사가 잘될 리가 없다. 지역의 위기는 떠나는 주민들이 아니라 내 일자리만 챙기는 행정에서 비롯된다. 민주주의는 데모스, 즉 거주민들이 결정하는 체제였다. 본인들이 살지 않을 거라면 결정권이라도 내놔야 한다. 그것이 민주주의이다.

(2022. 10. 11.)

전임자 흔적 지우기와 생각하지 않는 관료제

윤석열 정부는 임기를 시작하며 '다시 도약하는 대한민국, 함께 잘사는 국민의 나라'를 국정 운영 비전으로 내세웠는데, 용산 집무실 이전과 전임 정부 뒤를 캐는 데만 힘을 쏟고 있다. 집권 초반임에도 고정 지지층 30%에 머무는 지지율은 시민들과 공유하는 비전이 없음을 뜻한다.

안타깝게도 '동행·매력 특별시'를 내세운 오세훈 서울시장의 행보도 비슷하다. 보궐선거에 당선되어 임기를 먼저 시작했음에도 새로운 비전보다는 전임 시장의 핵심 사업들을 없애고 시민단체들을 비난하느라 초반의 에너지를 다 쓰고 있다. 서울시는 오랫동안 운영되어 온 마을 공동체나 도시 혁신과 관련된 사업들을 다른 대안 없이 종료하겠다고 일방적으로 통보해서 갈등을 일으키고 있다. 관련 센터에서 일하던 노동자들은 갑작스레 직장을 잃었고, 이런저런 사업에 참여하던 주민들은 혼란에 빠졌다.

행정 혼란은 누구의 책임인가

이런 행태가 이전에 없었던 특별한 일은 아니다. 보통 선출직 공직자들이 교체되면 전임자들의 성과는 원점에서 재검토되었고, 전임자들이 열심히 추진했던 사업들은 사라지곤 했다. 새로 부임한 공직자들은 자신의 대표 업적이 될 만한 대형 사업들을 추진하면서 관련 부서를 만들고 예산을 집중시켰다.

문제는 이런 관행이 정치인 개인에게는 좋을지 모르나 시민들에게는 좋지 않다는 점이다. 시민의 안전과 관련된 사업이나 복지의 수준과 삶의 질을 높일 수 있는 사업들이 합리적인 이유 없이 중단되거나 축소되면, 시민들은 피해를 입을 수밖에 없다. 때로는 시민들이 적극적으로 참여해서 일궈 놓은 좋은 사업들조차도 전임자가 선호했다는 이유로 사라진다. 이것이 과연 민주주의인가?

더구나 사업을 축소하고 전환하는 과정에서 비합리적인 일들도 속출하고 있다. 최근 대전광역시는 차별금지법을 노골적으로 반대했던 목사가 대표로 있는 단체에 대전시 인권센터를 위탁했다. 다른 지역에서도 해당 사업들과 관련이 없거나 경험

없는 단체들이 중간지원조직을 위탁받는 일이 생기고 있다. 시민 참여와 관련된 기구나 사업들의 예산이 이유 없이 대폭 축소되었다는 소식도 들린다. 단체장이 바뀔 때마다 이런 소란이 반복되고 있다.

선출직 공직자의 욕심과 잘못된 판단을 제어하는 내부 장치가 관료제인데, 한국에서는 이마저도 제대로 작동하지 않는다. 제어는커녕 선출직의 문제를 더욱더 키우는 것이 한국 관료제의 현실이다. 잘못된 판단을 견제하기는커녕 누가 당선되든 그 사람의 구미에 맞는 정책을 미리 만들어 놓고, 관료들이 앞장서서 전임자의 흔적을 지운다.

생각하지 않는 관료의 위험성

관료제는 정책의 연속성과 안정성을 보장하고 선출직 공무원의 교체가 가져올 위험을 줄여야 하는데, 외려 위기를 심화시키고 있다. 흔히 관료제는 감정을 섞지 않고 활동하며 전문지식을 바탕으로 업무를 합리적이고 효율적이며 공정하게 수행한다고 말한다. 하지만 현실은 전혀 그렇지 않다. 무고한 시민들이 목숨을 잃었던 세월호 참사에서도, 이태원 참사에서도 내부의 문제를 인정하며 책임지겠다는 관료는 등장하지 않는다. 이래서야 관료제가 시민의 신뢰를 받을 수 있을까?

관료들의 목표가 공공성이 아니라 승진이 될 때, 제도는 쉽게 부패한다. 정부의 정책이 시민의 안전과 복지, 권리 강화보다 특정 정치인의 성과로 향할 때 권력은 위험해진다. 통치의 문제가 드러나면 스스로 판단하고 거부하고 외부로 공론화하는 관료들이 있어야 그 정당성이 인정된다. 반대 경우라면 관료제와 통치의 정당성은 부정될 수밖에 없다.

인류 역사에서 권력자의 명령만을 따랐던 관료들은 어떤 길을 걸었을까? 사상가 한나 아렌트가 아우슈비츠 수용소를 운영했던 독일의 전쟁 범죄자 아이히만에게서 봤던 것은 '악의 평범성'만이 아니었다. 아이히만은 국가의 명령을 받았다는 이유로 상당한 열정과 세심한 주의를 기울여서 유대인 수백만 명을 가스실로 인도했다. 탁월한 계산 능력에 비해 그는 타인의 입장에서 생각하지 못했고 점점 더 타인과 소통하지 못했다.

한국에서도 그런 아이히만들이 늘어나고 있다. 누가 관료제라는 고양이 목에 방울을 달 것인가?

(2022. 12. 6.)

미래와 동떨어진 미래 교육

코로나19 사태가 심각해지자 2020년 하반기부터 온라인 원격 수업이 시작되었다. 그 무렵 우리 집 어린이가 다니는 학교는 수업에 쓸 스마트 기기 보유 현황을 조사하고 필요할 경우 스마트패드나 노트북을 빌려 주겠다는 가정 통신문을 보냈다. 고장이나 파손 시 본인이 비용을 부담해야 하는데, 우리는 집에 노트북이 있어, 굳이 빌려 쓸 필요가 없었다. 그렇지만 학교가 이런 부분에까지 신경을 쓰는 듯해 좋았다.

그런데 지난달 어린이가 학교에서 태블릿PC를 하나 갑자기 받아 왔다. 우리 집엔 스마트 기기가 있다고 했는데 왜 받아 왔냐고 물으니, 학생들 모두가 지급받는 기기라고 한다. 최근에 온 가정 통신문을 다시 살펴보니 졸업하거나 전학할 때까지 무상으로 기기를 쓸 수 있다고 한다. 학생 개인 정보를 수집해야 해서 학부모 동의를 받지만, 이 스마트 기기로도 수업을 하니 지급받지 않으면 수업 참여에 어려움이 있다는 이야기도 추가로 적혀 있었다.

모두를 위한 스마트 기기?

이제 좋은 마음은 사라지고 몇 가지 의문이 생겼다. 지급받은 태블릿PC는 삼성의 갤럭시탭이었다. 이런 장비를 전체 학생에게 지급하려면 수량이 많이 필요하고 예산도 많이 들 텐데, 누가 갤럭시탭으로 정했고 돈은 얼마나 썼을까? 지급은 받았지만 정작 잘 쓰지 않는 듯해서 어린이에게 왜 그러냐고 물으니, 인터넷은 되지만 게임이나 프로그램 설치 등은 안 되어 불편해서 안 쓴다고 한다. 이왕 학생들에게 줄 거면 활용도를 높여야 할 텐데 청소년 보호를 빌미로 프로그램 설치를 차단하니 쓸모가 별로 없다. 더구나 올해는 전면 등교라 원격 수업도 없었다. 가끔 수업에 쓴다며 학교에 들고 가긴 하지만, 용도가 딱히 없는 애물단지가 되고 있다.

왜 이런 식으로 일을 할까 싶어서 교육청 홈페이지에 들어가 계약 현황을 살펴봤다. 2021년 10월 20일에 '학생 스마트기기 보급 사업'으로 약 87억 원, 그리고 12월 14일에 '학생 스마트 기기 보급 사업(2차)'으로 약 281억 원(물품), 약 54억 원(용역) 두 건이 계약되었다. 12월 30일에는 보급 사업 조달 수수료로만 약 4천2백만 원을 썼다. 이렇게 스마트 기기를 보급하는 사업으로 총 422억 4천여만 원이 든 셈이고, 연말에 몰아서 기기를 구입했다.

교육청 재정이 넉넉해서 이렇게 일을 할까? 교육청 재정의 건전성을 나타내는 지표인 통합재정수지는 2022년을 기준으로 767억 원이 적자였다. 코로나19 같은 전염병에 대비하는 원격 수업이 필요하지만, 집에 고립된 학생과 학교 밖 청소년들을 챙기고 돌볼 사람과 프로그램도 필요하다.

지역마다 경로당은 수백 개인데 청소년 공간은 열 손가락 안이고, 청소년이 참여할 프로그램은 학습과 관련된 것들이 대부분이다. 청소년들이 안전하게 지낼 공간도 필요하고, 소규모 동아리 활동도 중요하고, 자립에 필요한 기술을 배우거나 관계를 고민할 프로그램도 필요하다. 수백억 원의 교육 예산이 이런 곳에 쓰인다면 훨씬 교육적이지 않을까.

탄소만 줄이면 그린스마트 미래인가

작년 말부터 여러 사람과, 기후위기로 초래될 산업 사회의 붕괴에 대응하려는 시도를 다룬 『심층적응』이라는 책을 번역하고 있다. 이 책에는 기후위기와 관련해 영국에서 열렸던 교육 분야 워크숍에 관한 내용도 담겨 있다. 워크숍에 모인 교사,

학생, 청년들은 교실에 앉아 정보를 암기하는 수동적이고 경쟁적인 교육과정을 포기해야 한다는 점에 모두 동의했다. 그러면서 학습보다 놀이와 발견으로, 신뢰와 자신감을 고취시키는 관계 형성으로, 안전하고 지지를 받는 분위기에서 위기에 관해 얘기할 수 있는 자리로, 실제 생활에 필요한 기술을 배우는 교육으로의 전환이 필요하다고 강조했다.

지금 한국의 교육은 어떤가? 여전히 학습과 경쟁 중심이고, 코딩을 배우고 스마트 기기를 사용하면 미래에 대비할 수 있는 것처럼 가르친다.

우리 집 어린이가 다니는 학교가 '그린스마트 미래 학교' 사업을 했다고 해서 사업 내용을 봤더니 학교 건물 공사였다. 노후 건물을 리모델링해 에너지 효율을 높이면 그린인가? 심지어 운동장 반을 쪼개 주차장을 만들고, 그 위에 태양광 발전소를 설치했다. 작년에만 이런 그린스마트 미래 학교 사업 예산이 전체 1조 8천억 원을 넘었다고 한다. 그것도 민간 기업이 공사를 해서 교육청에 소유권을 이전하고, 교육청이 기업에 임대료를 지불하는 방식(BTL)으로 진행되었다. 한마디로 빚내서 건물을 고쳤다는 이야기다.

정치의 미래도 갑갑하지만, 교육의 미래는 더 갑갑하다. 지금의 위기에서 무엇이 가장 중요할까?

(2022. 4. 26.)

무상 급식이면 다 된 건가

우리 집 어린이는 학교에 다녀올 때마다 급식 맛이 없다고 푸념한다. 그걸 만드느라 조리실 선생님들이 얼마나 고생하시는 줄 아냐고 타박을 주기도 하지만, 소통 알리미에 올라오는 급식 사진을 보면 그 푸념이 이해되기도 한다. 식재료도 뭔가 부족하고, 조리 상태도 별로이다. 그런데 이 학교만 그럴까?

우리 집 어린이가 다니는 충청북도 내 초등학교의 1인 급식 단가는 2,280원. 인건비 빼고 쌀과 후식, 양념이 포함된 단가이다. 학교 급식은 급식 인원과 지역에 따라 차등 지원되고 있는데, 500명 이상 1,000명 이하의 농촌 초등학교에 책정된 금액이다. 도시의 경우 같은 규모면 급식 단가가 2,220원으로 낮아진다. 이것이 2021년보다 3.8% 인상된 금액이라 하지만,

높은 물가 인상률과 비교하면 초라한 인상이다.

인근인 대전시의 초등학생 급식 단가가 3,500원이고, 비교적 낮은 것으로 알려진 강원도의 학교 급식 단가도 2,830원이다. 비슷한 규모의 경기도 초등학교의 급식 단가는 3,120원이고, 서울시의 경우 3,832원이다. 동네의 급식 단가는 수도권이나 대도시와 비교할 때 한 끼당 840원 이상 차이가 나는 셈이고, 초등학교 700명으로 계산하면 한 끼당 58만 8천 원이 차이 난다. 급식 단가가 모든 것을 말해 줄 수는 없지만, 돈의 차이만큼 질이 떨어질 것이란 점은 충분히 예상할 수 있다. 무상 급식으로 학생들이 부담 없이 점심을 먹게 된 것은 다행이지만, 이렇게 밥상의 질이 차이를 보여도 괜찮을까? 이런 차이를 줄이려면 막대한 예산이 필요할까?

빈익빈의 급식 단가, 밥은 평등한가

교육부의 '2020학년도 학교 급식 실시 현황'에 따르면, 전국의 학교가 100% 급식을 실시 중이고, 학교 급식 전체 예산 규모는 4조 9천억 원가량이다. 그중 48.1%가 인건비, 39%가 식품비로, 나머지는 연료나 소모품, 시설과 관련된 지출이다.

그런데 초등학교에 배치된 영양교사, 조리사, 조리원 중 정규직은 5,426명, 공무직 기타가 3만130명으로 총 3만5,556명이 급식을 담당한다. 기계적으로 계산하면 한 명이 초등학생

75.9명의 급식을 담당하고, 그중 85%는 비정규직이다. 더구나 학교 급식실의 환기가 제대로 되지 않아 폐암 발병이 늘어 '죽음의 급식실'로 불리기도 한다. 이런 가혹한 환경에서 맛있는 급식을 만들라는 건 엄청난 헌신 또는 착취를 뜻한다.

더구나 농촌의 학생 수가 줄어드니 농촌 학교의 급식 질은 더욱더 떨어질 수밖에 없다. 급식을 마련할 시설이 부족하고 식재료를 구입할 돈도 부족하다. 지자체별로 이렇게 불평등이 생기는 건 중앙정부가 책임져야 할 텐데, 지원금을 넘어서는 몫은 그 지역의 책임이라며 모른 척한다. 지자체는 우리 형편도 어려운데 지원을 할 만큼 했다고 하고, 교육청은 돈이 부족하다고 우긴다. 그러니 밥상의 불평등은 점점 더 심각해질 것이다.

한때 무상 급식을 반대한다고 우기던 정당도 이제는 아침까지 무상 급식을 하고 초등학생의 삼시 세끼를 보장하겠다고 주장한다. 무상 급식의 흐름을 뒤집을 간 큰 정치인은 이제 없다. 하지만 이것으로 충분한 걸까?

급식 단가가 높은 서울과 경기도의 농지는 개발에 밀려 점점 줄어들고 있고, 지역의 좋은 농산물이 지역에 남지 않고 수도권으로 공급된다는 이야기를 들은 지 오래되었다. 그나마 우리 동네에선 로컬푸드 운동이 지역 농산물을 바탕으로 한 급식 체계를 만들 수 있었지만, 여전히 낮은 급식 단가는 좋은 농산물을 쓸수록 적자를 떠안는 모순을 강요한다. 최근에는 기후위기로 식량위기가 심해지고, 전쟁으로 국제 농산물 가격도 상승하고 있다. 농수산물의 가격이 계속 오르면 학교 급식의 질은 앞으로 어떻게 될까? 이대로라면 지역별로 불평등한 밥상의 차이는 더욱 커질 것이다.

빈 수레 무상 급식, 소는 누가 키우나

이제는 코로나19가 잠잠해져서 학교에서 급식을 먹지만, 작년과 재작년 등교가 중단되면서 급식 대란이 벌어졌다. 먹는 학생들도 난감하고 식재료를 공급하기로 계약했던 농민들도 난감하긴 마찬가지였다. 먹을 걸 제대로 공급할 체계도, 그걸 제대로 먹일 체계도 제대로 갖춰지지 않았다. 이렇게 밥도 공평하게 못 먹이면서 지방선거에서는 미래 교육, 창의 인재 같은 뻔한 공약들에 관한 얘기만 떠들썩하다.

무상 급식은 분명 한국 사회의 진전이다. 그렇지만 무상 급식이라는 이름으로 정당화되는 지역 간 불평등, 무상 급식 뒤에 가려진 노동 착취, 무상 급식을 뒷받침할 농촌의 지속 불가능을 이제는 진지하게 논의해야 하지 않을까.

(2022. 5. 24.)

금융사기 피해를 개인이 책임져야 하나

지난 추석 때 가족들이 모인 김에 집안일에 쓸 모임 통장을 하나 만들었다. 평소에 이용하던 인터넷 은행에 계좌를 하나 더 만들고, 형제 두 명에게 계좌번호를 공유했다. 그런데 몇 시간 뒤 모르는 사람에게서 3만 원이 입금되더니, 다음날엔 또 다른 입금자명으로 50만 원이 입금되고, 두 시간 뒤에는 전기통신 금융사기 이용 계좌로 신고되어 지급 정지가 되었다는 메시지를 받았다. 일요일이라 다음날 아침 고객 센터로 전화를 걸었더니 메시지는 사실이고, 은행은 내게 다른 은행 출금도 제한될 것이라 '통보'했다. 영문을 알 수 없으나 나도 피해자인데 이렇게 일방적으로 결정될 수 있냐고 주장했지만, 은행은 보이스피싱 범죄가 너무 극성이라 어쩔 수 없다고 답했다. 은행은 사회관계망서비스(SNS)를 통해 계좌가 해킹되었을 거라 말하지만, 한 달이 지나도록 다른 해킹 피해가 없는데 계좌번호는 어떻게 유출되었을까?

거대한 족쇄가 된 인터넷 은행의 편리함

이때부터, 앞서 4년 동안 사용해 온 연구소 계좌도 이용 정지되어서 회원들의 회비 납부조차 불가능해졌다. 은행과 연계된 서비스들은 모두 중단되었고, 인터넷 은행의 편리함은 거대한 족쇄가 되었다. 인터넷 은행이 아닌 시중 은행의 경우 창구 출금이 가능하다고 했지만, 그동안 이용해 온 은행은 우리 지역에 지점이 없어 인근 도시로 나가야만 했다. 더구나 은행들은 신고인을 피해자로, 나를 "금융사기 전력이 있는 고객", "금융사고 예방 대상자", "전화 금융사기 명의자"라고 지칭했다.

이렇게 불편함과 스트레스가 한 달 동안 쌓여 가고 피해가 계속 누적되었지만, 어디에도 책임을 물을 곳이 없다. 은행의 기계적인 매뉴얼과 형식적인 답변에 짜증이 났지만 은행 노동자와 싸우기는 싫었다. 고객 센터에 이의 제기 신청서를 제출했지만 그건 전자상거래상 발생한 사안에만 해당된다며 거부당했다.

답답한 마음에 인터넷을 검색해 보니 타인의 계좌에 입금하고 사기를 당했다고 신고해 거래 정지시킨 뒤 합의금을 뜯어

내는 ‘통장 협박’이라는 신종 사기가 유행하고 있었다. 협박 메시지를 받지는 않았지만 돈을 돌려주겠다는 은행의 중재조차 거부한다는 신고인의 의도를 알 수가 없다.

가장 답답한 점은 아무런 방어권을 행사할 수 없는 상태라는 점이다. 은행은 처음에는 개인 정보 보호와 유사 사례 예방을 위해 내게 아무런 정보도 줄 수 없다고 말했고, 신고인이 은행과의 중재를 거부하자 수사 기관과 직접 소통하라며 발을 빼 버렸다. 한 달이 지나도록 내게는 최소한의 변론 기회조차 주어지지 않았다. 신고가 접수된 해당 경찰서와도 통화했지만 달리 방법이 없다며 기다려 보라 말했다.

그러나 은행은 정말 아무런 책임이 없을까? 모두의 살림살이가 어려운 와중에도 2022년에 국내 은행은 전년 대비 9.6% 증가한 18조 5천억 원의 당기 순이익을 거뒀고, 인터넷 은행도 큰 흑자를 기록하며 잔치를 벌였다. 은행이 벌어들이는 순이익의 상당 부분은 이자 수익임에도 예금을 보호해야 하는 은행의 책임은 사라지고, 사기에 대한 책임은 개인의 불운 탓이 되어 버렸다.

정부와 은행이 책임 분담해야 할 때

경찰청에 따르면 국내 보이스피싱 피해액과 피해 건수는 2022년 기준 5,438억 원, 2만1,832건으로 계속 감소 중이라고 한다. 그렇지만 사기 이용 계좌로 지급 정지가 되는 건수는 매년 빠른 속도로 증가해 2020년 2만191건에서 2022년 3만 3,897건으로 늘어났다. 신속하게 계좌를 막는 것도 필요하지만 신종 사기 수법에 대응하려면 보완하는 대책들도 필요한데, 그런 노력은 잘 보이지 않는다.

그리고 은행이 의무를 다하지 않으면 정부가 제도를 점검해야 할 텐데, 정부의 움직임도 느리긴 마찬가지이다. 명의인이 사기와 연관되지 않았음을 자료로 소명하며 지급 정지에 대해 이의 신청을 할 경우 해당 금액에 대해서만 지급 정지 조치를 하는 '전기통신 금융사기 피해 방지 및 피해금 환급에 관한 특별법 일부 개정안'은 2024년 2월이 되어서야 통과되어 8월부터 시행되었다. 이렇게 정부와 은행이 책임을 회피하는 동안 시민들의 피해만 늘어났고, 그 피해를 증명하는 책임은 여전히 시민에게 있다.

그나마 나는 주변의 도움으로 꼬박 3개월 이상을 버텼지만, 입출금이 잦을 수밖에 없는 자영업자였다면 생각만 해도 아찔한 상황이 되었을 것이다. 그래도 나는 인터넷을 뒤지고 금융감독원에 민원이라도 넣을 수 있었지만, 그런 것에 익숙하지 못한 사람이라면 얼마나 곤란해졌을까. 처음에는 최대한 빨리 이 상황을 벗어나자는 생각뿐이었지만, 이제는 누적되는 피해를 기록하며 이 피해를 어떻게 분담해야 할지 고민하고 있다. 개인에게 책임을 떠넘기는 사회에는 희망이 없기 때문이다.

(2023. 10. 23.)

왜 행정 개혁은 얘기되지 않나

지난달 전동 킥보드를 함께 타던 지역 청소년 두 명이 차량과 충돌해 한 명이 목숨을 잃고 한 명이 다쳤다. 늦은 시각, 친구와 킥보드를 타고 이동하다 벌어진 불행한 사고였다. 사고가 나자 군청과 학교는 뒤늦게 안전 캠페인을 벌이고 경찰은 단속을 강화했지만 청소년들의 반응은 차가웠다. 그 차가운 반응에는 이유가 있다.

몇 년 전부터 차도와 인도를 가리지 않고 여기저기 방치되던 전동 킥보드는 마땅한 교통수단을 찾지 못한 청소년들의 관심을 끌었다. 법에 따르면 면허를 가진 사람만이 탈 수 있고 2인 이상 동승할 수 없지만, 관리하는 주체가 없으니 청소년들이 많이 이용하는 건 자연스러운 일이었다.

규정이 없어 발생한 사고일까

때론 위태롭게 운전했지만 청소년들은 스스로 대안을 고민하고 있었다. 작년에 지역 청소년들이 군청에 정책을 제안하는 자리에 강사 및 조언자로 참여했다. 그때 청소년들이 가장 많은 관심을 보인 것은 전동 킥보드의 이용과 관련된 교육과 관리, 그것을 대체할 교통수단이었다. 도시와 달리 농촌의 청소년들이 이용하는 버스는 일찍 운행이 중단되고 집까지 걸어 다니기엔 거리가 너무 멀다. 밤에는 어둡고 도로가 좁아 자전거를 타기도 쉽지 않다. 그래서 청소년들은 공유 자전거를 도입하거나 통학 택시비 또는 교통 바우처를 지원하거나 공공교통 체계를 정비해 달라는 합리적인 제안을 했다.

이런 제안을 받은 군청은 어떻게 대처했을까? 군수는 청소년들의 제안을 검토해서 추진되도록 노력하겠다고 말했지만 이후의 구체적인 변화는 없었다. 전동 킥보드의 이용자에 관한 규정은 있지만 사업자의 의무나 지자체의 권한에 관한 법이 없어, 법을 만드는 것이 먼저라는 공무원들의 뻔한 대답이 나왔다. 버스의 노선과 운행 시간을 늘리고 청소년들의 이동권을 보장하려는 노력도 없었다. 만일 군청이 청소년들의 제안을 적극 수용해서 청소년들의 이동권을 보장했다면, 비극적인 사고는 예방되거나 피해가 줄어들지 않았을까?

만일 지자체에 그런 권한이 있었다면 상황은 달라졌을까?

군청은 사업자를 잘 통제하고 꼼꼼하게 킥보드 관리 계획을 수립해서 시민의 안전을 보장했을까? 지자체가 5년마다 수립하는 대중교통 기본 계획의 현실을 보면 그럴 가능성은 낮다. 지금까지 이 기본 계획은 4차례나 수립되었지만, 주민들의 요구보다 버스 회사들의 요구를 반영했다. 지자체의 각종 계획과 매뉴얼들은 용역 업체가 수립해서 담당 부서 캐비닛에 보관되는 서류일 뿐이다.

군 단위 지자체의 경우 장애인 이동권만큼 청소년 이동권도 취약하다. 이동의 불편함을 반복해서 경험하는 청소년들이 지역사회에 정주할 가능성은 낮다. 군청은 인구 감소를 이유로 지방소멸대응기금을 지원받고 있지만 정작 주민들이 지적하는 원인을 바로잡지 않는다. 주민의 편익 증진이 지자체 사무 배분의 기본 원칙이라고 지방자치법에 명시되어 있지만, 행정은 움직이지 않는다.

관료 조직의 벽과 직무 유기

비극적인 사고가 발생하면 사고나 희생자의 이름을 붙인 법률이 뒤늦게 제정되지만 그 효과는 크지 않다. 사실 이미 있는 법만이라도 제대로 지켜진다면 상당수의 비극적인 사고는 예방되거나 그 규모가 줄어들 수 있다. 그러니 문제는 법의 존재 유무가 아니라 법을 집행하려는 의지이다.

의지는 충만하나 필요한 예산이 부족해서일까? 중앙정부가 교부세를 삭감하자 전국의 모든 지자체들이 예산이 부족하다며 불만을 토해 냈지만, 실제로는 수립한 예산을 다 쓰지도 못한다. 2023년 결산서를 보면 우리 지역도 2020년 이후 가장 많은 잉여금을 남겼고 다른 지자체들의 상황도 비슷하다. 시민들이 적극적으로 무언가를 요구하면 행정은 예산 부족을 핑계로 삼지만, 정말 문제는 돈이 아니다.

그러면 문제는 뭘까? 민주화 이후 제도를 운영하는 권한을 잡은 것은 참여하고 결정하는 시민이 아니라, 절차를 내세운 관료들이었다. 시민들의 요구를 받아 관료를 통제해야 할 정치인들도 지침과 규정으로 보호되는 관료 조직의 벽을 넘지 못했다. 행정의 신속한 업무 처리는 승진이나 이익을 보장하는 곳에서 이뤄진다.

일을 해야 할 곳에선 직무를 유기하고, 하지 말아야 할 곳에선 직권을 남용하니 행정에 대한 불신이 높아질 수밖에 없다. 매일 들려오는 비극적인 사고 소식들도 이와 무관하지 않으니 정치 개혁만이 아니라 행정 개혁이 절실히 필요하다.

(2024. 7. 1.)

무엇이 악성 민원을 만드나

얼마 전 많은 비에, 멀지 않은 곳에서 인명 피해가 났다. 한 남성이 집 주변을 살피러 나갔다가 옹벽이 무너지며 쏟아지는 토사에 휩쓸려 목숨을 잃었다. 그 사고가 난 날에도, 그 이튿날에도 행정안전부, 산림청, 한국수자원공사, 충북도청, 군청 등에서 수십 건의 문자가 새벽에 쏟아졌지만, 쓸모 있는 것은 거의 없었다. 하천변, 급경사지, 산과 인접한 주택 등은 위험하니 접근하지 말고 대피하라는데, 한밤중이나 새벽에 문자를 받고 어디로, 어떻게, 그리고 얼마 동안이나 대피하라는 걸까? 비슷하게 반복되는 메시지를 받고 알아서 대응할 시민들은 몇이나 될까?

행정과 기업, 시민이 함께 쌓는 신뢰

우리 집도 산 밑에 있어 집 뒤에 옹벽이 있고 다른 집들도 비슷한 처지다. 산사태 위험이 높다는 문자가 오면 겁이 덜컥 나는데, 군청에 전화해 이럴 땐 어떻게 해야 하냐고 물으면 어떤 대답이 돌아올까. 지금 전 인원이 사고 현장에 나가 수습 중이라 여력이 없다, 산림청이나 다른 곳에 물어보시라, 아직 사고가 나지 않았으니 군청이 당장 도와드릴 것이 없다, 십중팔구 이런 대답이 나올 것이다. 답답해서, 비가 많이 내리는 날마다 군청에 전화를 했다면 나는 악성 민원인으로 등극할 것이다. 분명하지 않은 정보 전달과 무책임한 대응, 답답한 민원의 반복, 날카로운 감정싸움, 이 악순환은 어쩔 수 없는 것일까.

문득 2023년 5월에 참관했던 군산시 화학물질안전관리소위원회의 풍경이 떠올랐다. 군산시에서 화학 사고가 자주 일어나고 주민들의 불안이 커지자 행정과 기업, 시민단체가 함께 참여하는 위원회가 구성되었다. 참관한 날의 논의 안건은 사고가 발생했을 때 주민들에게 알릴 방법과 그 내용에 관한 것이었다. 화학 사고의 규모와 사고 물질, 사업장 외부에 미칠 영향에 따라 방법과 내용을 달리하는 주민 알림 지표가 토의 주제였다. 참가자들은 문자만이 아니라 전화로 직접 통보할 사람과 조직, 그리고 무조건 전체 시민에게 문자를 뿌릴 게 아니라 사고 유형에 따라 전달 범위를 달리하는 것에 대해 토론하며 지표를 더 개선시켰다.

사고가 나지 않으면 가장 좋겠지만 어쩔 수 없이 발생하는 사고를 효과적으로 통제하고 주민들의 불안을 줄일 수 있는 방법들이 함께 논의되니, 서로 간에 신뢰가 형성되었다. 심지어 이 회의가 열린 장소는 화학 물질을 직접 취급하는 기업이었고, 회의가 끝난 뒤 참가자들은 공장의 안전시설과 장비들을 직접 둘러보며 의견을 나눴다.

담당 공무원은 관련 정보를 투명하게 공개하고 자주 위원들과 의논하며 위원회를 준비해 신뢰를 받았다. 기업은 화학 물질 사고를 은폐하는 악의 집단이라는 이미지에서, 시민단체는 대안 없이 민원만 제기하는 집단이라는 이미지에서 벗어났다. 이런 변화가 화학 사고와 관련된 영역에 한정될 필요는 없다.

업무 과중과 악성 민원의 교차점

지난 몇 년 동안 공무원의 휴직률과 퇴직률이 높아지면서 그 원인을 분석하는 언론 기사나 유튜브 기획이 자주 나왔다. 낮은 임금, 과도한 업무, 경직된 조직 문화 등 여러 원인이 있지만, 어김없이 등장하는 원인은 악성 민원이다.

정말 악의적으로 민원을 제기하는 사람이 있는 건 사실이다. 하지만 공무원들이 악성 민원이라 말하는 것들 중 상당수는 정보가 제대로 공유되지 않거나 사안의 처리 과정과 권한에 대한 이해가 서로 달라서 발생하는 문제들이다. 그리고 수십 억, 수백억 원의 예산을 낭비하고 잘못된 행정 조치로 주민들의 안전과 권리를 위협하고 응당 공개해야 할 정보를 온갖 이유를 대며 감추는 사례는, 내가 아는 것만 해도 전국적으로 수백 건이나 된다. 따라서 일방적으로 악성이라 규정하는 건, 바로잡아야 할 문제들까지 은폐할 위험이 크다.

그런데도 지금 정부는 악성 민원을 잡겠다며, 과도한 정보공개 청구를 제한하는 정보공개법 개정을 논의하고 있다. 지금 법에도 반복적으로 정보공개를 청구하는 경우 사안을 종결할 수 있다는 조항이 있음에도 행정의 자의적 판단을 더 허용하겠다는 것이다. 빈대 잡겠다고 초가삼간 태우는 꼴이 바로 이런 것이다.

이제 곧 가을 태풍의 계절이다. 행정이 모든 위험 지대를 파악하고 대처하는 건 불가능하고, 주민들과 함께 새로운 재난에 대응해야 한다. 그러려면 지금 우리가 어떤 위험에 처해 있고 역할을 어떻게 분담해야 하는지 정보를 공유하고 충분히 논의해야 한다. 그러면 양성(良性) 민원이 늘어나고 행정의 업무도 줄어드는 선순환이 가능하지 않을까?

(2024. 7. 29.)

사회 통념과 알 권리

지난 10월 29일 정부는 부당하거나 사회 통념상 과도한 정보공개 청구를 받지 않을 기준을 마련해 담당자의 업무 부담을 줄이고 행정력 낭비를 막겠다는 정보공개법 개정안을 의결했다. 그러자 시민단체들은 이번 개정안이 시민의 알 권리를 침해하는 악법이라며 강하게 반발하고 있다. 시민단체가 정부의 피로도를 무시하고 억지 주장을 펼치는 걸까?

세월호 유가족인 박종대 씨는 국회와 대한변협, 언론, 시민단체 등의 도움을 받고 방대한 자료를 수집해 『4·16 세월호 사건 기록 연구』라는 1천 페이지가 넘는 책을 썼다. 정부가 철저히 진상을 규명하고 재발을 방지하기 위해 노력할 것이라는 사회적 통념과 달리 자신의 역할을 포기했기에 유가족이 직접 나서서 세월호가 왜, 어떻게 침몰했고, 왜 구조하지 않았고 진상 규명을 방해했는가에 관한 답을 찾으려 했다. 이 과정에서 박종대 씨는 정부를 상대로 340여 건에 이르는 정보공개를 청구해 "매우 유의미한 자료"를 수집했다.

2022년 10월 29일 서울시 한복판인 이태원에서 159명이 목숨을 잃고 많은 사람이 다쳤다. 인파가 몰리면 정부가 교통을 통제하며 안전을 보장하는 컨트롤타워 역할을 맡고 사고 시 상황을 신속하게 전파할 것이란 사회적 통념과 달리 정부는 제 역할을 하지 않았다.

정부, 사회 통념과 달리 제 역할 못 해

10·29 이태원 참사 작가 기록단이 쓴 『우리 지금 이태원이야』에서 유가족은 "누구 하나 피드백해 주는 사람도 없고, 경찰관도 소방관도 119구급대원도 전부 붙잡고 물어봤지만 다 모른대요", "정확한 위치는 개인 정보라 알려줄 수 없다", "정확한 건 얘기해 줄 수 없다"는 대답만 들었던 당시의 막막한 상황을 들려준다. 시민에게 정보가 가장 절실히 필요한 순간에 정부는 정보를 제대로 관리하지도, 효과적으로 전파하지도 않았고, 이후에도 상황은 마찬가지였다.

2023년 7월 15일 충청북도 청주시에서는 제방이 무너져 지하 차도가 물에 잠기면서 14명이나 목숨을 잃고 16명이 부상을 당했다. 비가 많이 내릴 거란 예보가 있으면 정부가 도로나 제방을 관리하고 주민이 위험을 신고하면 즉각 대응할 것이란 사회적 통념과 달리, 정말 어쩔 수 없는 사고였다면 사후 대응이라도 제대로 할 것이란 사회적 통념과 달리, 정부는 처음부터 끝까지 무능하고 무책임했다. 7·15 오송 참사 기록단이 쓴 『나 지금 가고 있어』에는 "왜 혼자만 살았냐"는 질문을 받고 "병원 출입을 거부당"했던 생존자, "주검을 수습한 구급차를 가로막고 울부짖은 후에야 그 행선지를 알 수 있"고 "누구 하나 알려 주는 사람도, 제대로 된 정보도 없었"던 유가족의 이야기가 담겼다. 다행히 시민진상조사위원회가 꾸려져 사건을 분석하고 정보를 모으면서 진실에 다가서려 했지만, 정작 중요한 정보들은 비공개되었다.

이것이 "부당하고 과도한 정보공개 청구"가 이루어지는 실제 한국의 현실이다. 만약 한국에서 정보공개 청구가 과도하게, 심지어 행정력이 낭비될 정도로 이루어진다면, 그 책임은 시민이 아니라 정부에 있다. 왜냐하면 앞에서 봤듯이 정부가 사회적 통념을 따라가지 못하고 있기 때문이다. 정부가 자기 역할을 다하지 않으면서 시민들 탓만 한다면, 이것은 꼬리가 머리를 흔들려는 꼴이다.

사실 중앙정부나 지방정부들은 이미 중요한 정보를 공개하지 않고 있어서 어떤 피로를 느끼는지 시민이 체감할 수 없다.

정부가 무슨 사업을 어떤 절차를 밟아 추진하는지조차 제대로 공개하지 않고, 정보공개 청구를 해도 알맹이 없는 문서 껍데기만 공개하는 경우도 대부분이다. 지금 검찰은 이재명 대표의 도지사 시절 관용차 운행이나 업무 추진비를 문제 삼는데, 단체장이나 기관장들의 관용 차량 운행일지나 업무 추진비가 제대로 공개된다면 검찰이 수사를 하지 않아도 문제는 줄어들 것이다.

정보공개법, 알 권리 확충되게 바꿔야

한국 공직 사회의 밀실 행정과 부패를 생각하면 사회 통념은 지금보다 훨씬 더 많은 정보공개를 요구한다. 시민의 알 권리는 정부가 임의로 판단해서 허용하는 것이 아니라, 시민이 권력의 원천이자 정책 정당성의 기반이기에 당연히 보장되는 것이다. 그러니 정부가 기준을 만들 사안이 아니다. 사회 통념 역시 시민들의 상식적인 판단이지 정부가 필요할 때 끌어다 쓰는 알리바이가 아니다. 정보공개법이 개정되어야 한다면, 그 방향은 시민의 알 권리를 더 많이 보장하고 정부의 책임을 분명히 하는 것이다.

(2024. 11. 25.)

변경에서 본 2026, 2030, 2050

2026, 2030, 2050, 이 숫자들은 희망의 매직넘버가 아니라 우리가 닥친 곤경을 뜻한다. 2026년은 지방선거가 있는 해이고, 이 선거에서 당선된 정치인들의 임기가 2030년까지이다. 2030년은 전 세계가 지구의 평균온도 상승 속도를 최대한 늦추기 위해 온실가스 배출량을 절반으로 줄이기로 합의한 해이다. 그리고 2050년은 그때까지 온실가스 순배출량을 제로 상태로 만들자는 목표를 세워 둔 해이다. 그러니 2026년은 한국과 전 세계 모두에게 중요한 해이다. 그런데 지금의 상태라면 한국이 2030년, 2050년에 이 목표를 달성하는 건 불가능하다.

그 이유는 간단하다. 2030년 합의는 더 이상 양적인 성장을 목표로 삼지 말자는 의미이고, 2050년 목표는 화석연료를 태우지 않는 문명의 가능성을 찾자는 의미인데, 한국은 여전히 양적인 성장과 화석연료에 의존한 경제를 유지하고 있기 때문이다. (전직 대통령 윤석열이 시대착오적인 유전의 꿈을 내세웠던 것은 상징적인 사건이다. 그런데 그 윤석열은 구속되어 재판을 받고 있지만, 지지 세력은 건재하다.) 정권이 바뀌고 재생에너지 정책이 활발히 논의되지만, 그것은 신성장과 AI 산업을 뒷받침하기 위한 것이다. 그리고 에너지 외에는 석유문명에 대한 별다른 대안 논의조차 없다. 이대로라면 2026년 지방선거의 주요한 정책들은 성장과 개발 관련 공약들로 뒤범벅될 것이다.

더구나 내란 사태의 동조세력들이 최소한 영남지방에서는 살아남으리라 예상된다. 이 동조세력이 정치적 극우일 뿐 아니라 토건과 개발주의를 주도해 왔다는 점에서, 이들의 생존은 새로운 정치의 불가능성을 뜻한다. 내란 사태 이후 일시적으로 힘이 약해진 듯 보이지만, 극우의 부상이 전 세계적인 현상이라는 점을 감안하면 그 세력의 재기 가능성을 결코 낮게 볼 수 없다.

그리고 국내만이 아니라 지구촌 곳곳에서도 전쟁이 이어지고 있다. 우크라이나, 중동에서 전쟁이 벌어졌고, 미국과 유럽에서도 소리 없는 내전이 이어지고 있다. 지금의 전쟁은 국지적이지만 서로 긴밀히 연결되어 있어 어떻게 번질지 예측하기 어렵다. 나라 안팎이 모두 혼란스럽고 어려운 상황인데, 새로운 정치의 가능성은 잘 보이지 않는다.

이런 상황에서 우리는 어떤 선택을 해야 할까? 헌법을 개정하고 정부 조직을 바꾸고 선거제도와 정당을 개혁해야 한다는 모범 답안은 여전히 유효할까? 물론 이 답안이 틀렸다고 할 수는 없다. 그렇지만 그것이 과연 얼마나 효과적일까를 의심하지 않을 수 없다. 제도를 개선하는 것은 반드시 필요하지만, 제도를 운영하는 것은 결국 사람과 문화이다. 제도만으로는 구조를 바꾸지도, 행위자를 변화시키지도, 문화적인 가치와 지향을 전환하지도 못한다. 그럼에도 우리는 제도가 바뀌지 않아서 아무것도 안 된다는 한탄만 끝없이 하고 있다.

어떤 면에서는 이 모범 답안 속에서 또 다른 '선택과 집중'의 모습을 보곤 한다. 어쩌면 지금 필요한 것은 쉽게 '대안'을 자처하지 않는 것이 아닐까. 내란 사태 이후 이런저런 제언들이 많이 나왔지만, 내란 동조세력의 힘과 그 혐오의 에너지에 비하면 무기력해 보인다. 어느 순간 '신좌파의 상상력'은 고사하고 우파의 상상력조차 우리가 따라가지 못한다는 생각이 든다. 상상력이 법과 제도에 갇혀서 나래를 펴지 못하고, 자기 역량에 대한 과대평가나 과소평가는 타자를 마주하지 않으니 그저 공허할 뿐이다. 그 와중에 정치의 언어는 좌우가 서로 뒤섞여 구분조차 잘 되지 않는다.

현실이 답답하니 우리는 매번 속을 뚫어 줄 새로운 사례를 찾는다. 그런데 지금은 새로운 활동보다 새로운 방향성과 의미 부여가 필요하다고 본다. 비슷한 활동을 하더라도 어떤 목표, 어떤 가치를 염두에 두고 활동해야 할지 판단이 필요하다. 왜냐하면 지금의 상황에서는 근대적인 자유와 평등, 연대를 염두에 뒀던 정치와 민주주의가 새로이 정의되어야 할 것 같기 때문이다.

정치를 제도정치/생활정치, 민주주의를 직접/간접/대의민주주의로 구분하고, 어떤 정치와 민주주의가 더 중요하다고 주장하는 것으로는 지금의 위기에서 벗어나기 어려울 것 같다. 제도정치와 생활정치의 교집합이 늘어난 만큼, 포퓰리즘의 대두에 따라 날것의 직접성이 가진 위험성이 드러난 만큼, 정치적인 의지와 열정의 표출을 담아 낼 근대적인 틀(대표적인 것이 정당)이 무기력해진 만큼 새로운 방향과 의미에 대한 고민이 필요하다.

그래서 대안을 얘기하기 전에 이런 질문들에 어떻게 답할지 먼저 고민하고, 내 생각을 다른 사람들과 나누고 토론하는 과정이 필요할 것 같다.

- 서로를 혐오하지 않고 평등하게 대하는 기술은 어떻게

연습할 수 있을까?

- 수용할 수 없는 혐오와 적대에는 어떻게 선을 그어야 할까?
- 극우가 따라 할 수 없는 정치 언어는 구성될 수 있을까?
- 포퓰리즘의 시대에, '참여'는 민주주의를 충분히 설명할 수 있는 말일까?
- SNS에는 의견이 넘쳐나는데, 왜 아무도 직접 팔을 걷고 나서지 않을까?
- 새로운 형태로 시민들의 정치적인 열정과 의견을 모아낼 조직은 어떤 형태여야 할까?
- 형식화된 조직 내 민주주의가 정말 조직을 활성화할 수 있을까?
- 내란세력이 선거로 당선되면, 그 정치적 정당성을 인정해야 할까?

질문은 계속 늘어날 수 있다. 그리고 복잡하고 어렵더라도 우리는 여러 질문들을 검토하며 이야기를 나눠야 한다.

그런 질문들을 나누는 동안에도 고장 난 정치는 문제를 계속 일으킬 것이다. 그러면 나름의 싸움의 방법도 필요한데, 그 방법은 이미 인류 역사에서 많이 다루어졌다. 대표적으로 제임스 스콧은 약자의 방법, 변경의 방법으로 싸워야 한다고 주장한다. 영웅처럼 살지 못하는 소심한 사람들은 좀스러운 저항들로 세상을 바꿔 왔다. 빨리 움직이라는 요구에 맞서 천천히 움직이기(foot dragging), 무슨 일이 생겼냐고 물으면 시치미 떼기(dissimulation), 문제가 생기면 도망가기(desertion), 시키면 따르겠다고 하고선 뒤로는 다른 짓하기(false compliance), 몰래 조금씩 훔치기(pilfering), 뭐라고 떠들건 모른 척하기(feigned ignorance), 뒤에서 비난하기(slander), 몰래 불 지르기(arson), 천천히 일하기, 작업도구 망가뜨리기(sabotage) 등 쫀쫀하게 싸우는 수많은 방법들이 이미 있다. 그냥 눈감아 주기는 애매하지만 그렇다고 당장 끌고 가서 고문할 정도는 아닌 일들이 강력한 권력을 조금씩 허물어뜨린다. 거창하게 반란까지 생각하지는 않지만, 그렇다고 순순히 따를 생각도 없는 이들이 변경을 지켜 왔다.

또 그 시간을 버티기 위해 우리는 아주 구체적인 도움을 주고받을 수 있는 비상연락망이나 비빌 언덕을 만들어야 하지 않을까? 힘들고 어려울 때 하소연하고 도움을 요청할 수 있는 관계, 불안하거나 위험할 때 잠깐이라도 지켜봐 달라고 말할 수 있는 관계, 비상시에 같이 손을 잡고 움직일 수 있는 관계, 내 일상 속에 그런 관계를 만들어야 한다. 그래야 버틸 수 있는 힘을 공유하며 현실에서 짓눌리고 있는 권리를 탈환할 기회를 만들고, 허용된 시공간의 속도에서 벗어나 우리의 리듬을 만들 수 있다.

변경에서 시작되었던 마을, 공동체, 자치와 같은 개념들은 어느새 주류는 아닐지라도 주류에게도 어색하지 않은 말이 되었다. 이것은 성과이기도 하고, 다른 지점에선 체제에 포획되는 과정이기도 했다. 체제에 포획되었다는 결과보다는 그것에 순순히 투항해 버리며 자신의 힘을 잃어버린 것이 더 문제이다. 힘을 회복하려면 다시 서로의 관계에 주목해야 한다.

변경은 그런 관계를 찾고 꾸리기에 좋은 공간이다. 넉넉하지 않고 부족한 곳이라 도움을 청해도 어색하지 않고, 중앙의 시공간에서 비교적 자유로우며, 좀 부대끼며 지내도 크게 눈총을 받지 않는다. 변경의 사람들끼리 교류하며 그 관계망을 넓히려는 실험도 조금씩 진행되고 있다. 그렇게 함께 버티는 과정에서 저들이 먼저 무너질지도 모르니, 어쩌면 버티는 것이 이기는 것일지도 모른다.

함께 읽으면 좋을 책들

네드 오거먼, 『모두를 위한 정치』, 김창한 옮김, 마농지, 2025.

더글러스 러미스, 『래디컬 데모크라시』, 이승렬·하승우 옮김, 한티재, 2024.

더 케어 컬렉티브, 『돌봄선언: 상호의존의 정치학』, 정소영 옮김, 니케북스, 2021.

로버트 단턴, 『고양이 대학살』, 조한욱 옮김, 문학과지성사, 2023.

리베카 솔닛, 『이 폐허를 응시하라』, 정해영 옮김, 펜타그램, 2012.

볼프강 쉬벨부시, 『철도 여행의 역사』, 박진희 옮김, 궁리, 1999.

에릭 홉스봄, 『극단의 시대』, 이용우 옮김, 까치, 2009.

우치다 다쓰루, 『인구 감소 사회는 위험하다는 착각』, 김영주 옮김, 위즈덤하우스, 2019.

젬 벤델·루퍼트 리드, 『심층적응』, 김현우·김미정·추선영·하승우 옮김, 착한책가게, 2022.

전현우, 『오송역』, 이김, 2023.

정은정, 『밥은 먹고 다니냐는 말』, 한티재, 2021.

제이슨 히켈, 『적을수록 풍요롭다』, 김현우·민정희 옮김, 창비, 2021.

제임스 스콧, 『국가처럼 보기』, 전상인 옮김, 에코리브르, 2010.

———, 『농경의 배신』, 전경훈 옮김, 책과함께, 2019.

———, 『조미아, 지배받지 않는 사람들』, 이상국 옮김, 삼천리, 2015.

파울로 프레이리, 『페다고지』, 남경태 옮김, 그린비, 2018.

하승우, 『공공성』, 책세상, 2019.

———, 『민주주의에 반하다』, 낮은산, 2012.

———, 『지속가능한 세상을 위한 시민권 이야기』, 이상북스, 2022.

———, 『탈성장 쫌 아는 10대』, 풀빛, 2021.

———, 『풀뿌리민주주의와 아나키즘』, 이매진, 2014.

한나 아렌트, 『전체주의의 기원』, 박미애·이진우 옮김, 한길사, 2006.

———, 『정치의 약속』, 김선욱 옮김, 푸른숲, 2007.

한재각, 『기후정의』, 한티재, 2021.

확인하면 좋을 통계들

한국철도통계: https://railstat.korail.com/statPortal/

농림어업총조사: 국가통계포털 https://kosis.kr/index/index.do 활용.

교통, 주택 통계: 국토교통통계누리 https://stat.molit.go.kr/portal/main/portalMain.do

온실가스 배출량 통계: 온실가스종합정보센터: https://www.gir.go.kr/home/main.do

예산과 재정 통계: 재정경제통계시스템: https://www.nabostats.go.kr/portal/main/

선거와 정치: 선거통계시스템 https://info.nec.go.kr/

사회와 삶의 질: 지표누리 https://www.index.go.kr/unity/potal/main.do 활용.

고위공직자 재산공개: 공직윤리시스템 https://www.peti.go.kr/indexSelect.do

법률 확인: 국가법령정보센터 https://www.law.go.kr/main.html

물가 통계: 소비자물가지수 https://mods.go.kr/cpi/

무궁화호를 위하여
변경의 현실과 정치

초판 1쇄 발행 2026년 3월 16일

지은이 하승우
펴낸이 오은지
책임 편집 변홍철
편집 오은지
표지 그림 변우빈
디자인 정효진
제작 세걸음

펴낸곳 도서출판 한티재
등록 2010년 4월 12일 제2010-000010호
주소 42087 대구시 수성구 달구벌대로 492길 15
전화 053-743-8368
팩스 053-743-8367
전자우편 hantibooks@gmail.com
블로그 blog.naver.com/hanti_books
한티재 온라인 책창고 hantijae-bookstore.com

ISBN 979-11-92455-84-6 03300